JUAN SERRANO
Flamenco Concert Selections

JUAN SERRANO
Obras flamencas de concierto

Bilingual edition in English and Spanish

Edición bilingüe en inglés y español

Online Audio www.melbay.com/93698BCDEB

AUDIO CONTENTS

1	Bella Mar [3:38]	7	Muñequita [4:36]
2	Ensueño [5:12]	8	Nancy [3:31]
3	Fantasy [5:16]	9	Nostalgia [3:38]
4	Juani [3:46]	10	Posadas [4:13]
5	Lidia [3:25]	11	Tentacion [3:11]
6	Majestuosas [3:36]	12	Verde Selva [2:38]

I0805599

MEL BAY

1 2 3 4 5 6 7 8 9 0

INDEX
INDICE

THOUGHTS ABOUT JUAN SERRANO

Dear reader, as you are now aware, Juan Serrano's *Flamenco Guitar, Basic Techniques* published by Mel Bay Publications last Spring, was so well accepted in Detroit, as well as internationally; and so highly praised by the publishers and other critics such as *Guitar Player* magazine, that it encouraged Juan to prepare the present publication. Of course, Juan's students and many friends were very supportive in this new pursuit. On my part, having been a student of Juan's for nine years, the idea of a second publication was overwhelming. I knew, as a student, how much the artist had to offer to the world of music. There is one aspect of Juan Serrano, which is quite unique and has never before been mentioned by the critics to the public. That aspect is Juan Serrano as a teacher. In my personal judgement, it is his unique and special delivery system which merits this consideration.

REFLEXIONES SOBRE JUAN SERRANO

Querido lector, como ya sabes el método de Juan Serrano, *Flamenco Guitar, Tecnicas Basicas,* publicado esta pasada Primavera por la Mel Bay Publications fué tan bien aceptado en Detroit como internacionalmente y sumamente encomiado por la casa publicadora, y de parte de otros críticos como la revista *Guitar Player,* que sirvío de gran empuje a Juan para publicar este segundo método. Por supuesto, los estudiantes de Juan y sus muchas amistades le sirvieron de gran animación en esta nueva empresa.

De mi parte siendo yo estudiante de Juan desde hace nueve años, la idea de preparar un segundo método fué de gran animación conociendo como estudiante cuanto tenía el artista que ofrecer al mundo de la música. Existe un aspecto de Juan bastante único que nunca antes ha sido mencionado al público por los críticos y es Juan Serrano el maestro. Según mi opinión, es su único especial método de enseñanza lo que merece esta consideración.

You see, dear reader, Juan does not teach from a book; he teaches from the mind and heart. When you study with him, you study directly with Juan Serrano. Juan's audio-oral traditional flamenco is transposed from an oral form into a written music form while you take your lesson. Moreover, to be more specific, if Juan's student knows music, he will transpose the lesson in music form. If the student does not know music, Juan will write it in the cipher system. He will not teach the very same lesson to all of his students. Your lesson is created to suit your particular ability. Therefore, no two students experience the same lesson. They might know the rhythm, but the technical arrangement will be as simple or as complicated as the student's own ability to perform. For example, Juan will arrange a rhythm pattern, a falseta, or a technique study; he will perform it for you, have you repeat it until you have learned it; and then he will write it for you. You will leave his studio knowing your lesson. The rest is up to you. You must practice it every day, and you must repeat it as many times as you can if you really want to retain it and perfect it.

Ves mi querido lector, Juan no enseña con un libro, enseña con la mente y el corazón. Cuando se estudia con él, se estudia directamente con Juan Serrano. El flamenco tradicional, audio-oral de Juan es transpuesto al instante de una forma oral a una forma musical escrita mientras que se está siguiendo su lección. Además, para ser más específica, si el estudiante de Juan conoce música él se la transpone en un sistema musical y si el estudiante no la conoce se la transpone en un sistema cifrado. Juan no enseña la misma lección a todos sus estudiantes. Como uno toma su lección es creada y adaptada a tu misma capacidad. De esta manera, no hay dos estudiantes que sepan la misma lección, puede ser que ellos conozcan el mismo rítmo, pero el arreglo técnico puede ser sencillo o tan complicado como es posible la capacidad de actuación del estudiante. Por ejemplo, Juan prepara un sistema rítmico, una falseta, o un estudio de técnica, te lo ejecutará para tí y te lo hará repetir hasta que lo hayas aprendido y saldrás de su estudio sabiendo tu lección. Lo demás se deja a tu realización. Tendrás que practicar la lección todos los días y tendrás que repetirla hasta que puedas si quieres retenerla y perfeccionarla.

So you see, dear reader, you are truly into an adventure in flamenco when you take lessons from Juan Serrano. Indeed, much has been said in the past about Juan's marvelous technique, style, and expression; but no one has ever talked about Juan as the real teacher. You see, Juan Serrano's God-given talent for flamenco music is not the only fine facet about him. When you know him better as your teacher, you will find him to be extremely patient, concise, conscientious, and interested in your progress.

I do hope, dear reader, that after having had this little chat with me, you will really be inspired to reach your goal; and I will have the great satisfaction of having brought justice to this man who does not want to be called Maestro, but simply Juan Serrano. I can assure you now, that if you take the contents of this book seriously, you are on the way to an unforgettable adventure in music that will teach you when the gift of expression flows through your blood.

Albina C. Gardella

Así que ves, querido lector, estás poniéndote en el camino de una aventura musical flamenca cuando tomas lecciones con Juan Serrano. Ves, mucho se ha dicho antes sobre la técnica, el estilo, y la expresión maravillosa de Juan, pero nunca se había hablado antes de Juan como el verdadero maestro. Ves, el don de Dios para el arte flamenco no es la única admirable faceta que posee Juan. Cuando lo conozcas mejor como maestro, lo encontrarás estremadamente paciente, conciso, consciente e interesado en tu progreso.

Así, querido lector, espero que después de haberte entretenido conmigo con esta breve charla te sentirás verdaderamente inspirado en tu aspiración y tendré la gran satisfacción de haber hecho justicia a este hombre que no quiere ser llamado Maestro sino sencillamente Juan Serrano. Te puedo asegurar que si tomas el contenido de este libro muy en serio estarás en el camino de una aventura musical que te hará pulsar la sangre cuando el don de la expresión corra por tus venas.

Albina C. Gardella

بِسْمِ ٱللَّهِ ٱلرَّحْمَٰنِ ٱلرَّحِيمِ

ولسوف يعطيك ربك فترضى

INTRODUCTION

This book is composed of twelve pieces of flamenco music for concert which maintain their traditional form without losing for a moment their primitive purity. I believe it is useful to give this explanation because there are too many writers, without knowledge, who say that when flamenco reached the concert level, it lost its primitive forms. It is my belief that when flamenco music reached the large concert hall, it elevated itself to a level that it could not reach when it was being performed in private festivities.

I agree that in this kind of entertainment the emotions experienced by the listener are different due to the kind of atmosphere that has been slowly created from spirit beverages, the noise of discussions on different themes, the tapping of knuckles on the tables to keep time, the sounds of the handclapping, and others; the very same interpreters can feel more inspired in this kind of atmosphere than in the serious and cold atmosphere of the concert theatre. Actually, it does not matter where the guitarist, singer or dancer performs, he always does it well without losing the pure characteristics of flamenco.

INTRODUCCION

El contenido de este libro es de doce piezas flamencas para concierto, las cuales mantienen la forma tradicional, sin perder un sólo momento su pureza primitiva. He creido conveniente en dar esta explicación porque hay muchos escritores sin conocimiento de causas que dicen que cuando la música flamenca llegó al concierto perdió sus formas primitivas. Yo creo que cuando la música flamenca ha ido a las grandes salas de conciertos se ha elevado a un nivel que no tenía cuando era exibida en fiestas privadas.

Yo estoy de acuerdo en que en este tipo de fiestas la emoción que puedan recibir los oyentes sea diferente a consecuencia del ambiente que se ha ido formando poco a poco por medio de las bebidas alcohólicas, los ruidos de las discusiones sobre diferentes temas, los golpes de los nudillos sobre la mesa para marcar el compás, los sonidos de las palmas y demás; los mismos interpretes se pueden sentir mas inspirados en este ambiente que en el ambiente serio y frío de un teatro de concierto. Logicamente, el que sabe tocar, cantar o bailar, no importa donde lo haga, siempre lo hace bien sin perder las caracteristicas del flamenco puro.

At flamenco parties or "juergas," as they are called, the technical mistakes do not count because under the influence of spirit beverages the listener would not be likely to concentrate on these details. They would concentrate more on the inspiration of the interpreter and how he expresses his personal feelings during an interpretation. The next day the listeners talk about the good time they had with their friends and about the feelings they experienced during the festivities of the previous night. One of them explains that someone sang "soleares" which made him cry, and that the guitarist played "siguiriyas," which made him remember his first love, and so on. They cannot say, however, whether or not the performer was singing in time; or if the guitarist was playing the correct chord during the accompaniment; or if the dancers (bailaor o bailaoras) knew how to begin and end a dance without losing the rhythmic line; or whether the handclapping was in the proper timing required of every style. In spite of all this, such people continue to believe that they are experts simply because they had the privilege of assisting at different private "juergas" (festivities). Possibly they even had to pay for the expenses of the "juerga" in addition to the fees of the interpreters in order to feel themselves a part of it.

En las fiestas o juergas flamencas, que es como se les suele llamar, los errores técnicos no cuentan, ya que con la influencia del alcohol los oyentes no se pueden concentrar en estos detalles. Se concentran más en la inspiración del interprete y como expresa sus sentimientos personales durante una interpretación. Al día siguiente hacen comentarios con los amigos de lo bien que lo pasaron y las emociones que sintieron en la juerga de la noche anterior. Uno de ellos explica que alguien cantó unas soleares que le hizo llorar y que un guitarrista tocó unas siguiriyas que le hizo recordar su primer amor y demás, pero no pueden decir si el cantaor cantaba a compás, si el guitarrista daba los acordes perfectos durante el acompañamiento, si el bailaor o bailaora sabían como empezar y terminar un baile sin perder la línea rítmica y si las palmas las tocaban a compás y en los momentos adecuados que requiere cada estilo. Pero aunque todo esto no lo entienden ellos, se siguen creyendo expertos por haber tenido el privilegio de asistir a varias juergas privadas y posiblemente han tenido que pagar los gastos de la juerga además de los honorarios de los interpretes para poderse sentir parte de ella.

These people consider the guitarist good and within the traditional form if they are merely accompanists. They feel that when they become concertists they have reached such technical virtuosity that they have forgotten the roots of the real flamenco. This is not logical. The mission of the guitarist who accompanies is to begin playing a melody (falseta), which in turn, serves to inspire the singer. Later on, during the development of the singing, the guitarist limits himself to following the tones as the singer performs without losing the rhythmic line. This kind of accompaniment is very beautiful and very difficult because the guitarist has to have a superior-endowed ear and a great knowledge of rhythm. In fact, if this very same rhythm is played without song, it becomes unbearably monotonous.

A los guitarristas los consideran buenos y dentro de lo tradicional, si solamente son acompañantes porque al ser concertistas han adquirido tal virtuosismo técnico que han olvidado las raíces del verdadero flamenco. Esto no tiene ninguna lógica, porque la misión del guitarrista acompañante es la siguiente; para empezar se toca una falseta, la cual sirve para inspirar al cantaor. Después, durante el desarrollo del cante, el guitarrista se limita a seguir los tonos que el cantaor vaya destacando sin perder la línea rítmica. Esta forma de acompañamiento es muy bonita y muy difícil porque el guitarrista tiene que tener un oído superdotado, y un gran conocimiento del rítmo, pero si esto mismo se tocara sin el complemento del cante, resultaría de una monotonía insoportable.

For this reason there are three kinds of guitarists: those who accompany song and dance marvelously well but who have neither technique nor sufficient preparation to play in a concert; others who play very well in a concert but do not know how to accompany; and still others who besides knowing how to accompany well, have the technique and sufficient preparation to be able to dedicate themselves to the concert. These very last ones are called complete guitarists. Of course, to be a complete guitarist is the most difficult thing. These guitarists must perform many years at "juergas" and "tablaos flamencos," accompanying singers and dancers in order to accumulate experience on rhythms and in the different styles. They must also practice a minimum of five or six hours daily in order to acquire a clear technique and the know-how to develop it.

Por esta razón existen tres clases de guitarristas: unos que acompañan al cante y baile maravillosamente bien, pero no tienen ni la técnica ni la suficiente preparación para poder tocar un concierto; otros que tocan muy bien un concierto pero no saben acompañar y otros que además de saber acompañar bien tienen la tecnica y la suficiente preparacion para dedicarse al concierto. A estos últimos se les llama guitarristas completos. Por supuesto, el ser completo es lo más difícil porque además de haber actuado durante muchos años en juergas y tablaos flamencos, acompañando a cantaores y bailaores para obtener experiencia en los rítmos y en los diferentes estilos hay que practicar un mínimo de cinco o seis horas diarias para adquirir una técnica limpia y saber como desarrollarla.

بسم الله الرحمن الرحيم الحمد لله رب العالمين الرحمن

الرحيم . مالك يوم الدين . إياك نعبد وإياك نستعين اهدنا

الصراط المستقيم . صراط الذين أنعمت عليهم غير المغضوب

I began my guitar studies at the age of nine. My father, the great guitarist Antonio Serrano, known by the professional name of "Antonio el del Lunar," was my only teacher. At the age of eleven I accompanied my mother, the great singer Cecilia Rodriguez de Serrano known by the professional name "Niña de la Sierra." It was a part of my training to learn to distinguish between the different styles and to accompany them, always under the supervision of my father. He would, at the same time, explain to me which were the basic styles and the influence that all the others would receive from them.

Yo empecé mis estudios de guitarra a los nueve años de edad. Mi padre, el gran guitarrista Antonio Serrano, conocido por el nombre professional de "Antonio el del Lunar," fué mi único profesor. A los once años de edad acompañaba a mi madre, la gran cantaora Cecilia Rodriquez de Serrano, conocida por el nombre profesional de "Niña de la Sierra." Esto fué parte de mi entrenamiento para aprender a diferenciar los diferentes estilos y como acompañarlos, siempre bajo la supervisión de mi padre que al mismo tiempo me explicaba cuales eran los estilos básicos y la influencia que de ellos recibían todos los demás.

At the age of thirteen I made my professional debut by becoming a part of the artistic index of the flamenco company of the great singer "Canalejas de Puerto Real." My mission was to accompany the very same Canalejas and dancers, both women and men, of his company.

A los trece años hice my debut profesional formando parte del elenco artístico de la compañía flamenca del gran cantaor "Canalejas de Puerto Real." Mi mision era acompañar al propio Canalejas y a los bailaores y bailaoras de su compañía.

Until the year 1962 when I devoted myself completely to the concert, my career as a guitarist was always to accompany song and dance. Sometimes this would be in the "tablao flamenco." At other times it would be in private festivities, or in flamenco festivals that were organized every year in different cities of Spain. Still other times would be with different flamenco performances touring the whole Iberian Peninsula. In this manner I had the privilege of accompanying the great personalities who represented this art. Some of them, one may say, are those who gave life to the art of flamenco. Thanks to them it did not disappear during the period of its decline due to poor interpretation and the influences of other songs that had nothing to do with the true flamenco. These people knew how to superimpose themselves so that the true flamenco would emerge above it all and would maintain its purity.

Hasta el año 1962, que me dediqué por completo al concierto, mi carrera de guitarrista siempre fué de acompañar cante y baile, unas veces en los tablaos flamencos, otras en juergas privadas, o en los festivales de flamenco que se organizan todos los años en diferentes ciudades de España y otras en diferentes espectáculos flamencos haciendo jiras por toda la peninsula. De esta forma tuve el privilegio de acompañar a las grandes personalidades que representan este arte. Algunos de ellos, se puede decir, que fueron los que le dieron vida al flamenco; y que, gracias a ellos, no llegó a desaparecer durante la época de su declinación a consequencia de algunos malos interpretes y las influencias de otros cantes que nada tenían que ver con el verdadero flamenco. Estos señores supieron sobreponerse para que el verdadero flamenco se impusiera por encima de todo y que mantuviera su pureza.

Among the great performers of flamenco whom I have accompanied are the following:

Song: Niña de los Peines, Pepe Pinto, José Sepero, Pepe el de la Matrona, Manolo Caracol, Antonio Mairena, Rafael Romero, Fosforito, Paquera de Jeréz, Jarrito,, El Chaleco, Fernanda y Bernarda de Utrera and many others.

Dance: Pastora Imperio, Regla Ortega, Carmen Amaya, La Chunga, Rita Ortega, El Farruco, Nana Lorca, Lucerito de Tena, Mario Maya, Los Pelaos, La Quica, Güilsa de Jerez and many others.

The experience that a person acquires during a whole lifetime of study and performances with the very best interpreters of this art can never be forgotten because one carries this in his blood, and it appears in *every* performance that takes place. This includes parties, "tablaos flamencos", concerts; or even daily practice.

The roots and the emotions of a whole career of experiences are exposed in each of the following selections that compose this book.

Entre las grandes figuras del flamenco que he acompañado se encuentran los siguientes:

Cante: Nîna de los Peines, Pepe Pinto, José Sepero, Pepe el de la Matrona, Monolo Caracol, Antonio Mairena, Rafael Romero, Fosforito, Paquera de Jeréz, Jarrito, El Chaleco, Fernanda y Bernarda de Utrera y a muchos otros.

Baile: Pastora Imperío, Regla Ortega, Carmen Amaya, La Chunga, Rita Ortega, El Farruco, Nana Lorca, Lucerito de Tena, Mario Maya, Los Pelaos, La Quica, Güilsa de Jerez y a muchos otros.

La experiencia que se adquiere durante toda una vida de estudios y actuaciones con todos los mejores interpretes de este arte no se puede olvidar jamás porque se lleva dentro de la sangre y aparece en todas las actuaciones que se hagan, en juergas, tablaos flamencos, conciertos, e inclusive en la práctica diaria.

Las raíces y las emociones de toda una vida de experiencias están expuestas en cada una de las selecciones que componen este libro.

أَلْبينا

پِرْدِيَالِسْ

VERDIALES

The "verdiales" are within the style of Málaga. The name "verdiales" is derived from a village of the province of Málaga, which is called Los Verdiales.

There are two kinds of "verdiales": the "regionals" and the "flamencos." The regionals are accompanied by the guitar, tamboril, castanets, and other instruments. They are danced by couples or by groups on every holiday in Málaga. The flamencos are accompanied only by the guitar. Many villages of Andalucía have their own style of "fandangos" which are accompanied by the rhythm of the verdiales.

This style is called "fandango verdial," and it is very popular in Cabra, Lucena, Granada and in almost all the villages of the province of Málaga.

The following composition may be used as a guitar solo or as accompaniment to a dance.

VERDIALES

Los Verdiales están dentro de los estilos Malagueños. El nombre de verdiales viene de un pueblo de la provincia de Málaga que se llama Los Verdiales.

Hay dos clases de Verdiales: los regionales y los flamencos; los regionales se acompañan con guitarra, tamboril, cantañuelas y otros instrumentos y se bailan en parejas o en grupos en todas las festividades Malagueñas. Los flamencos solamente se acompañan con guitarra. Muchos pueblos de Andalucía tienen su propio estilo de fandangos que se acompañan con el ritmo de los Verdiales.

A esta modalidad se le llama Fandango Verdial y es muy popular en Cabra, Lucena, Granada y en casi todos los pueblos de la provincia de Málaga.

La composición que sigue se puede usar como solo de guitarra o como acompañamiento de un baile.

BELLA MAR

(VERDIALES)

Juan Serrano

BELLA MAR (CONT.)

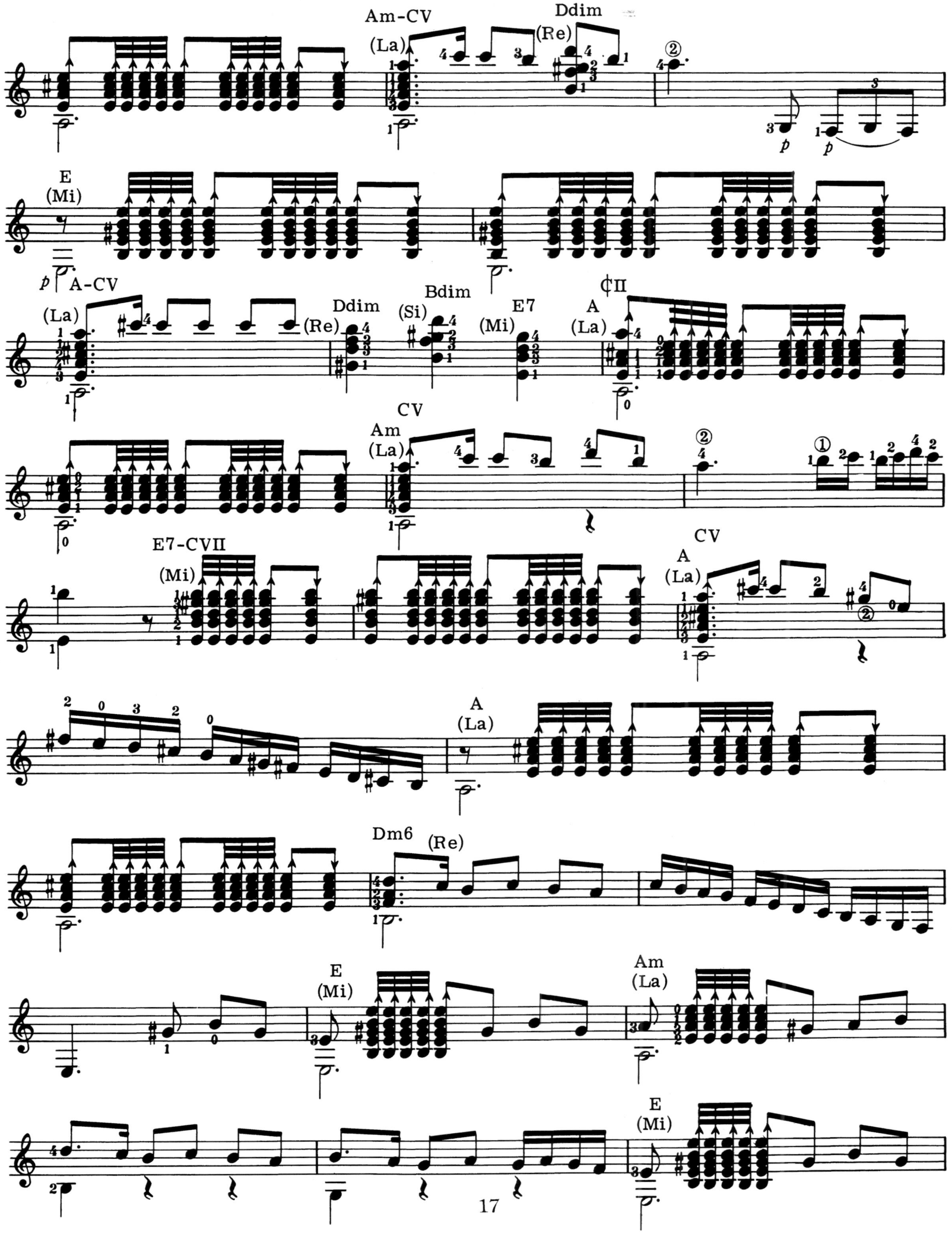

BELLA MAR (CONT.)

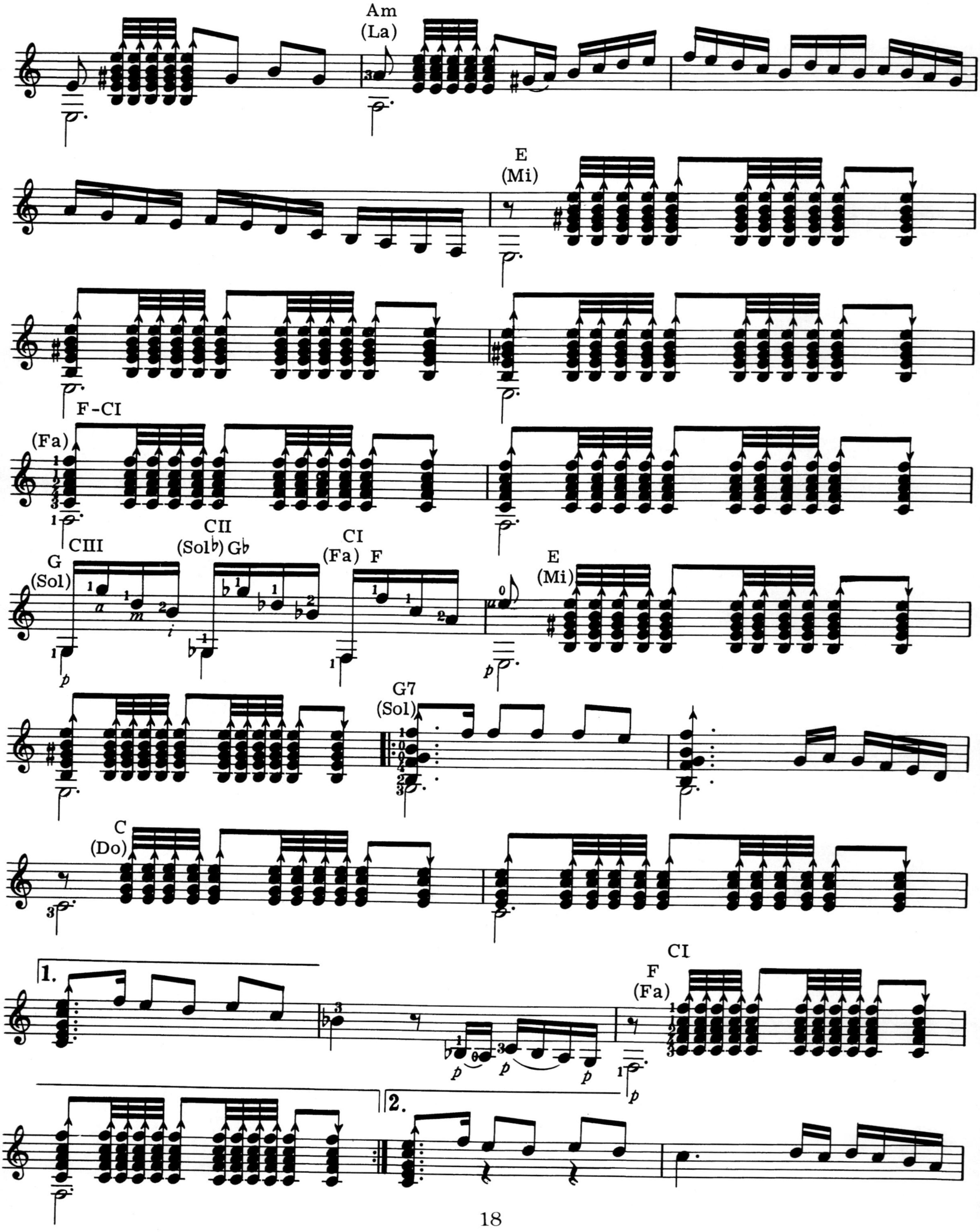

BELLA MAR (CONT.)

BELLA MAR (CONT.)

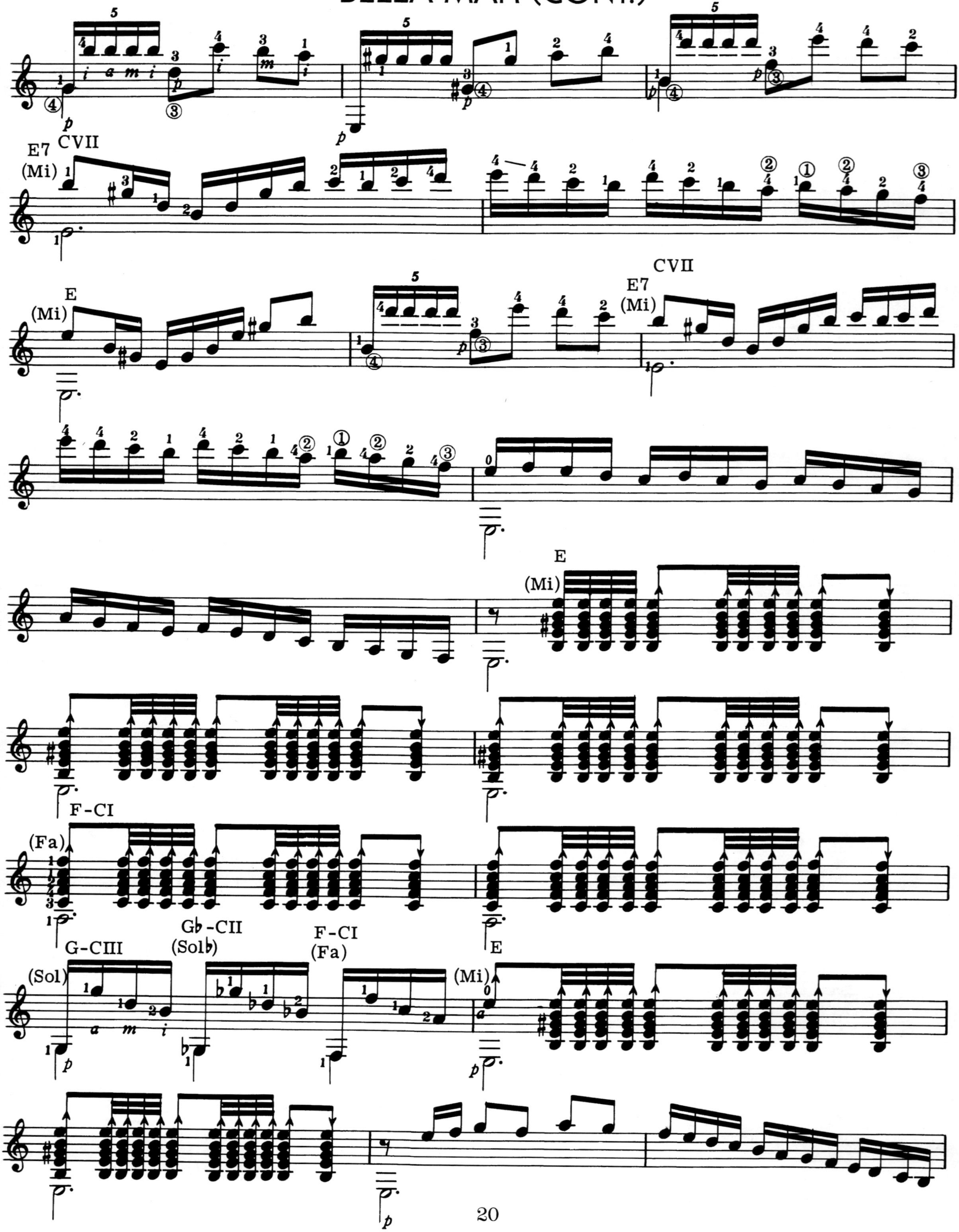

BELLA MAR (CONT.)

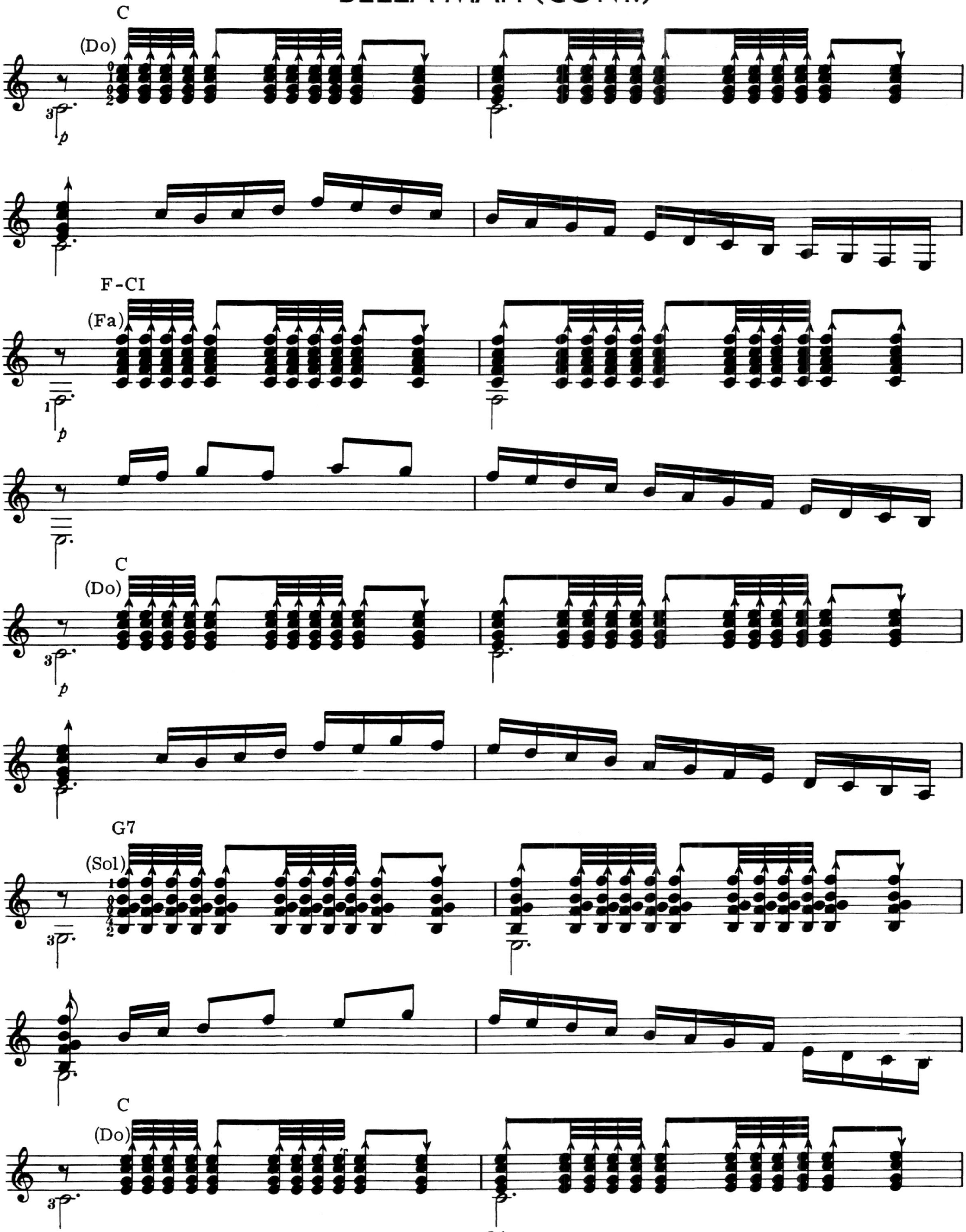

BELLA MAR (CONT.)

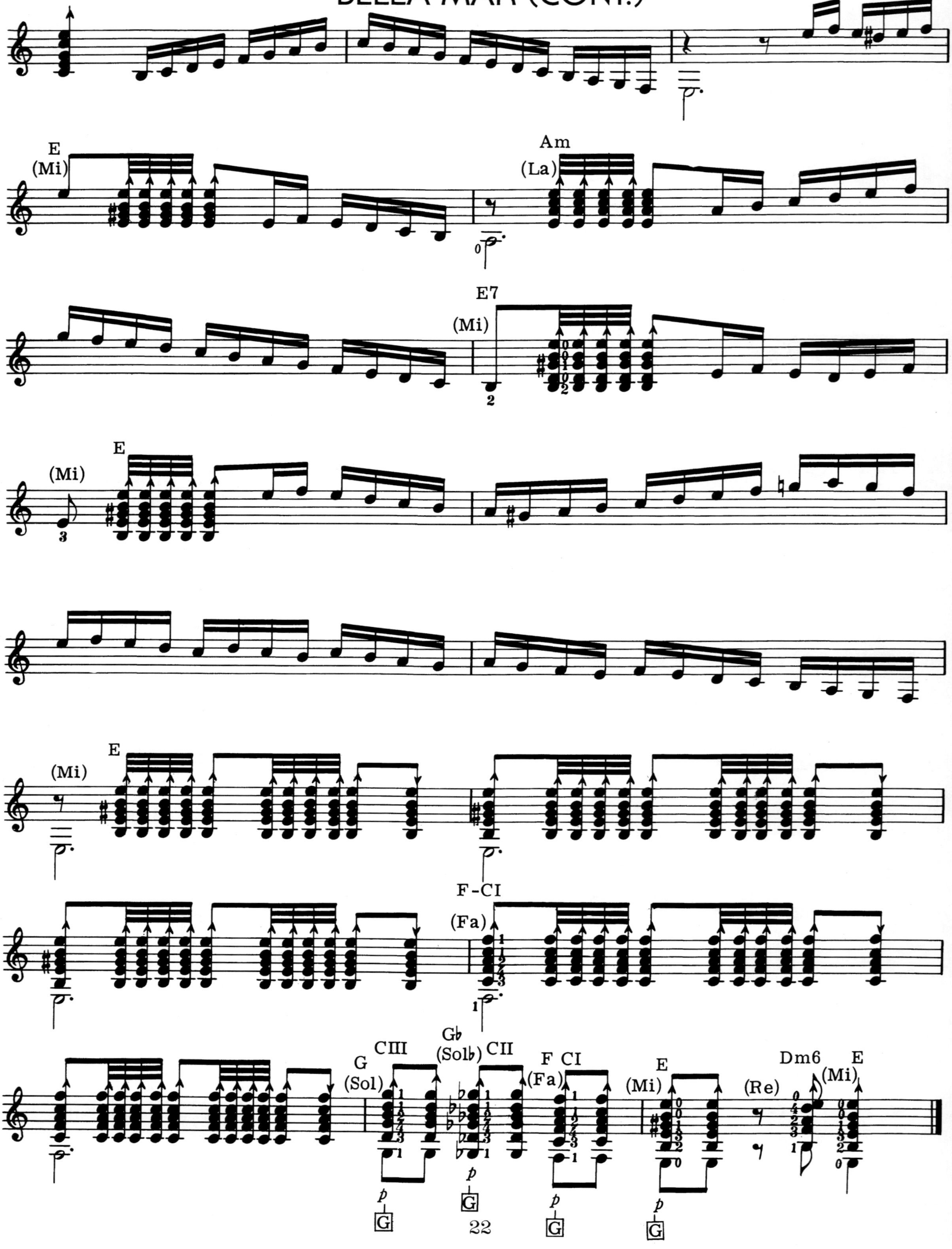

BELLA MAR (CONT.)

(VERDIALES)

Juan Serrano

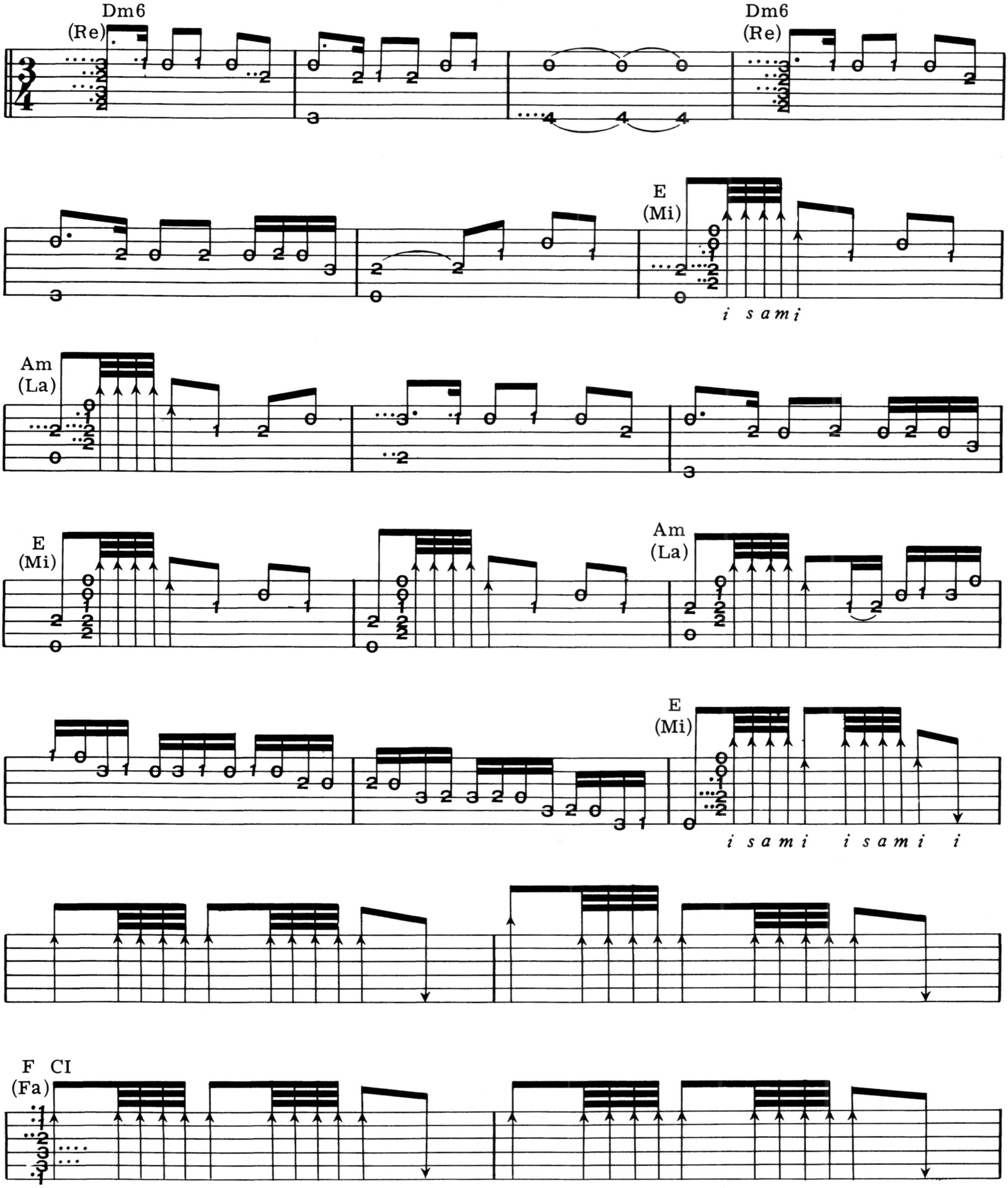

BELLA MAR (CONT.)

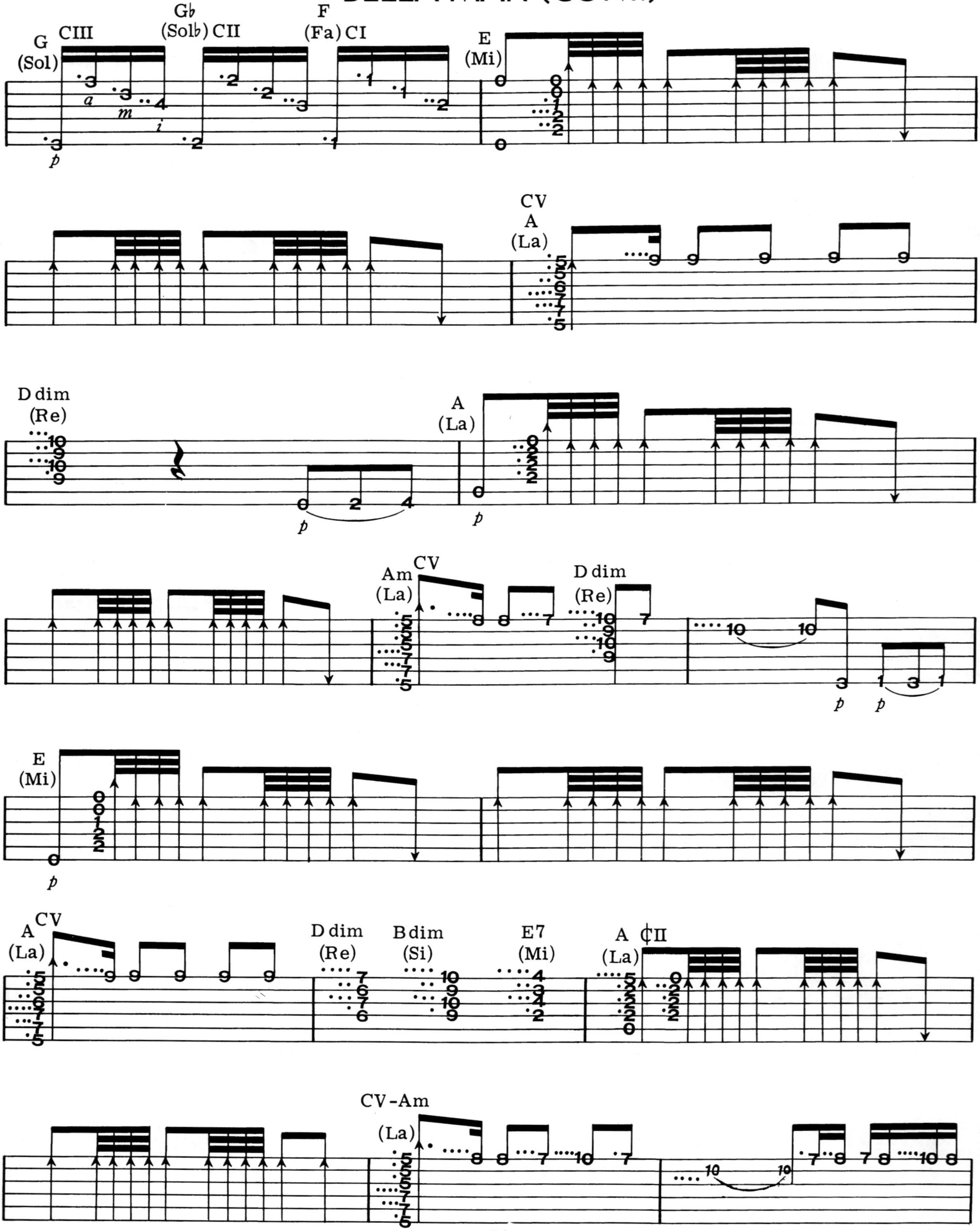

BELLA MAR (CONT.)

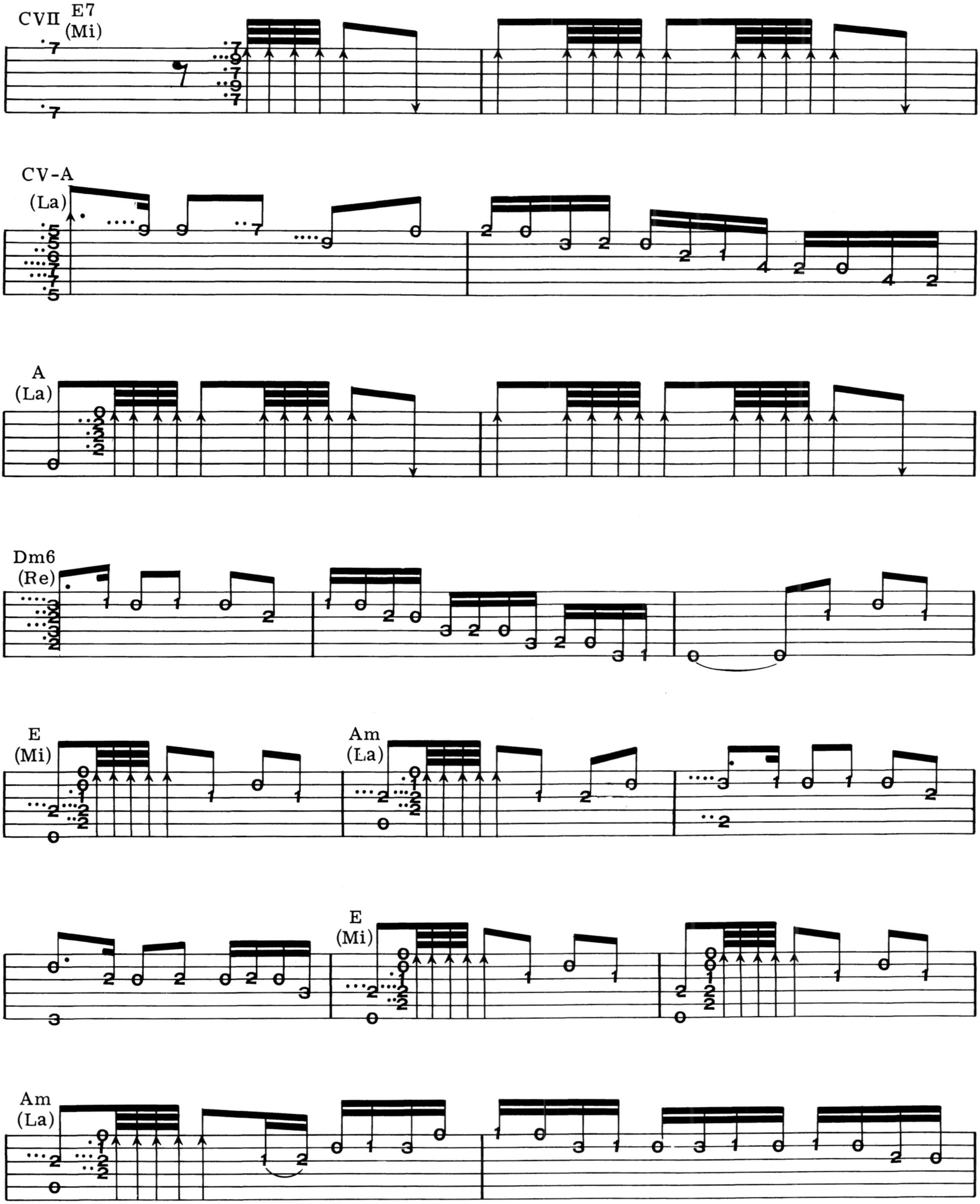

BELLA MAR (CONT.)

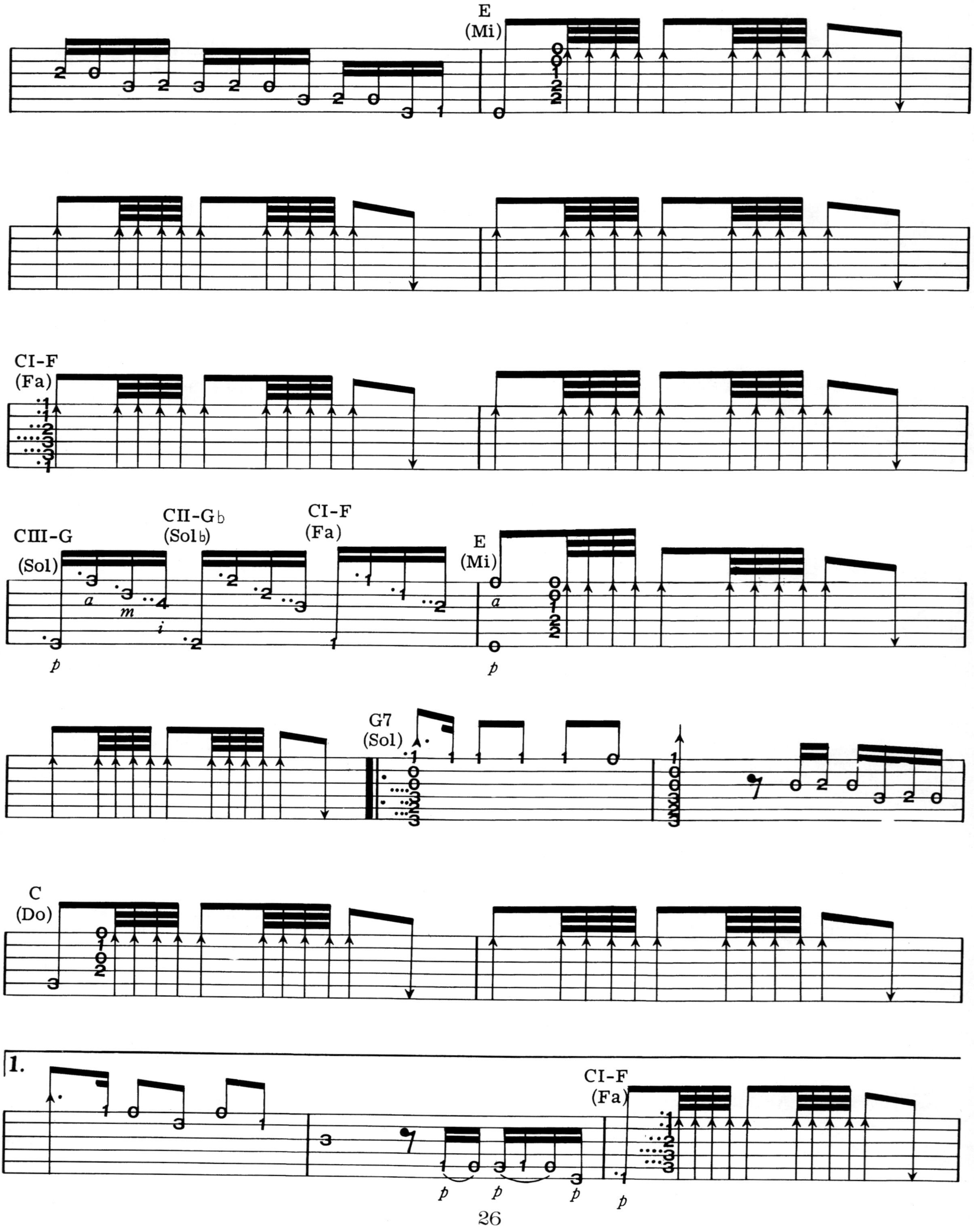

BELLA MAR (CONT.)

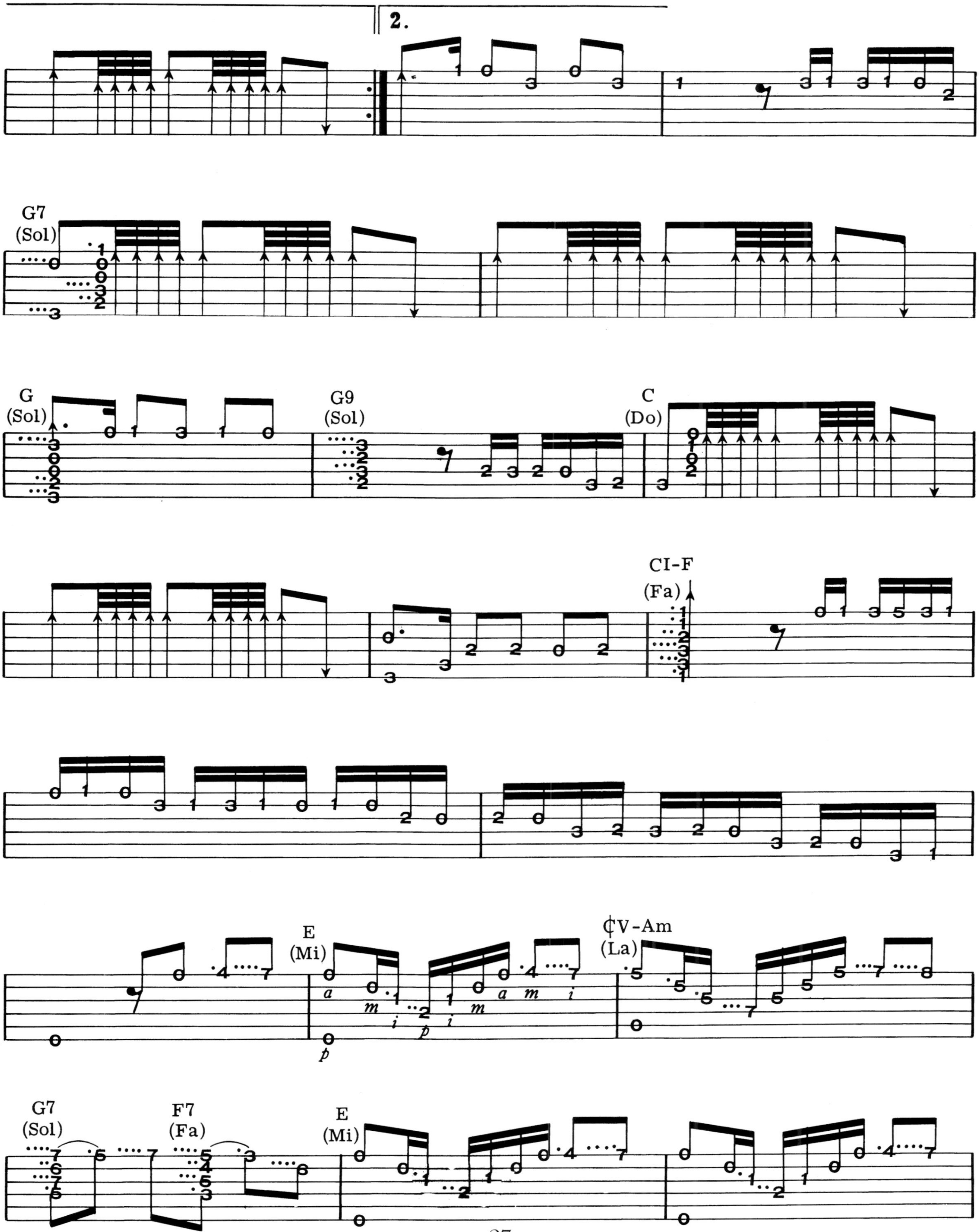

BELLA MAR (CONT.)

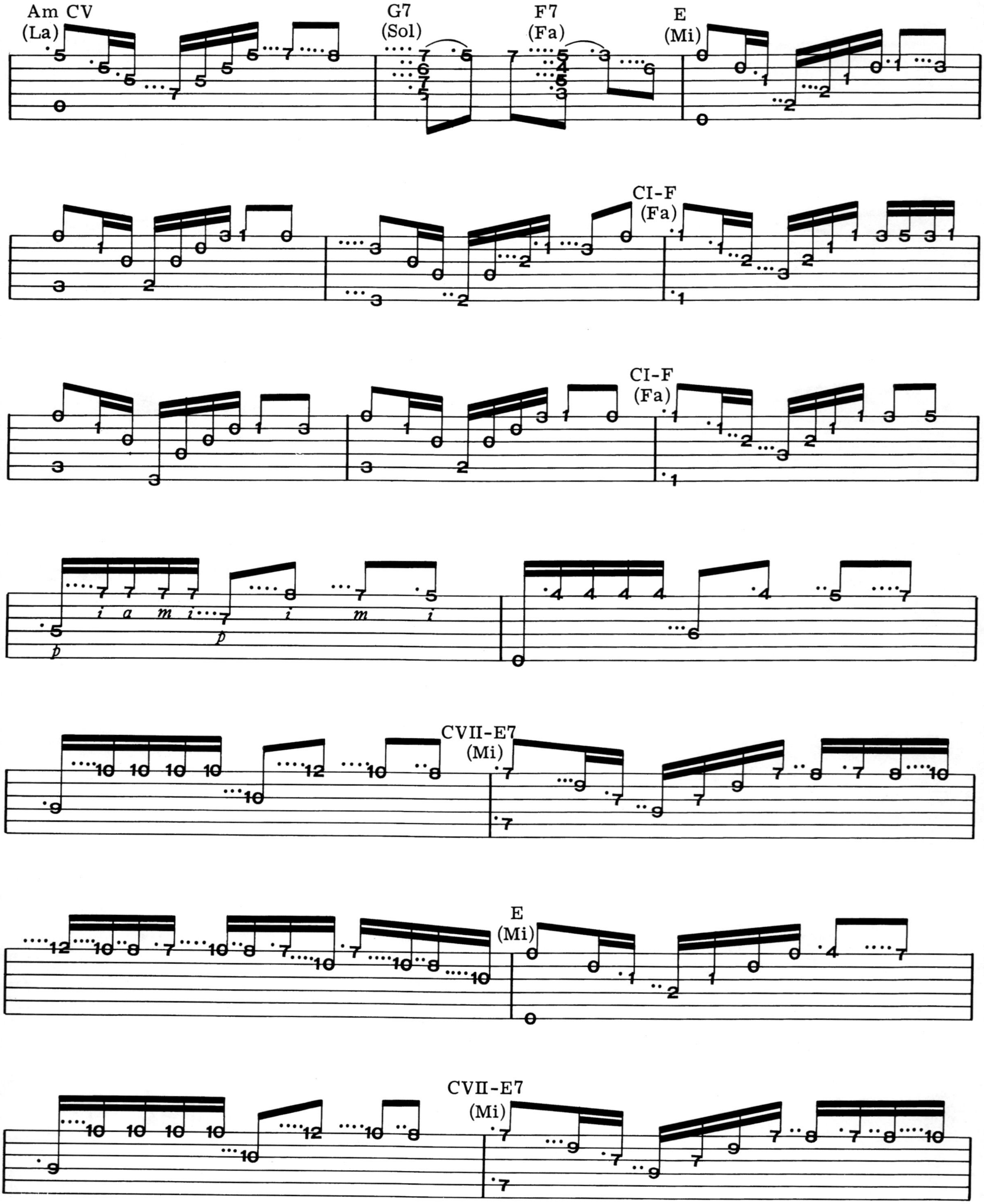

BELLA MAR (CONT.)

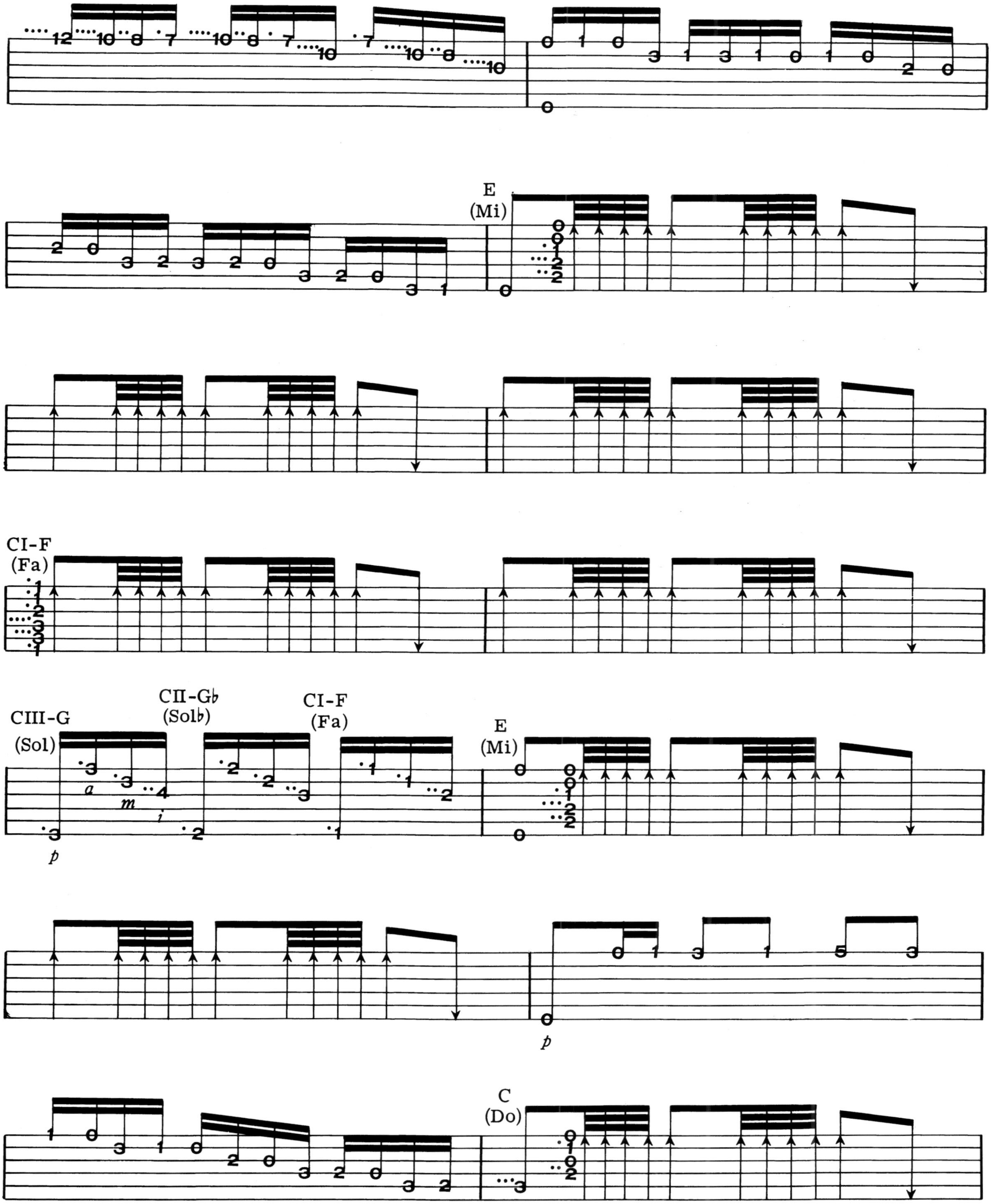

BELLA MAR (CONT.)

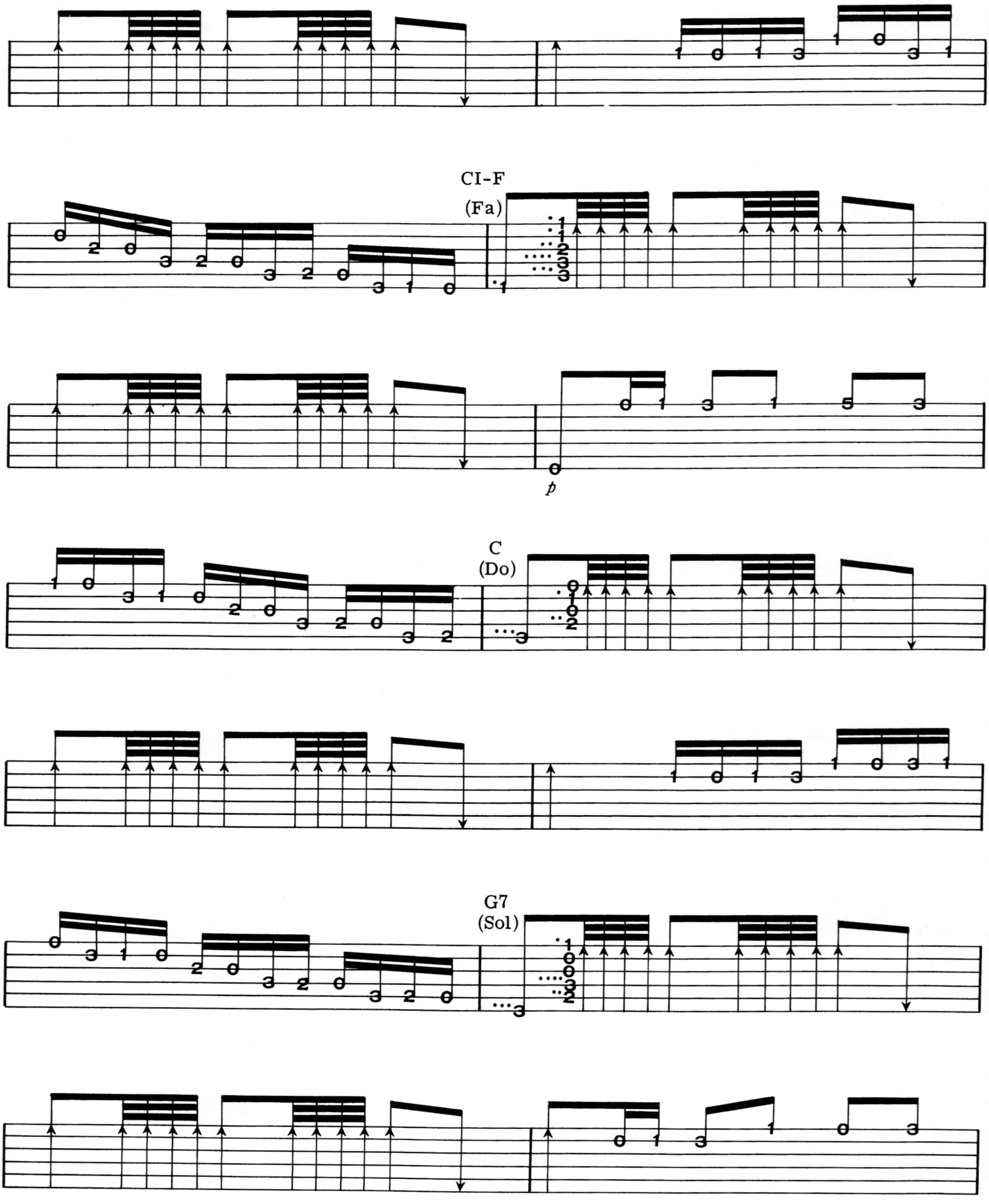

BELLA MAR (CONT.)

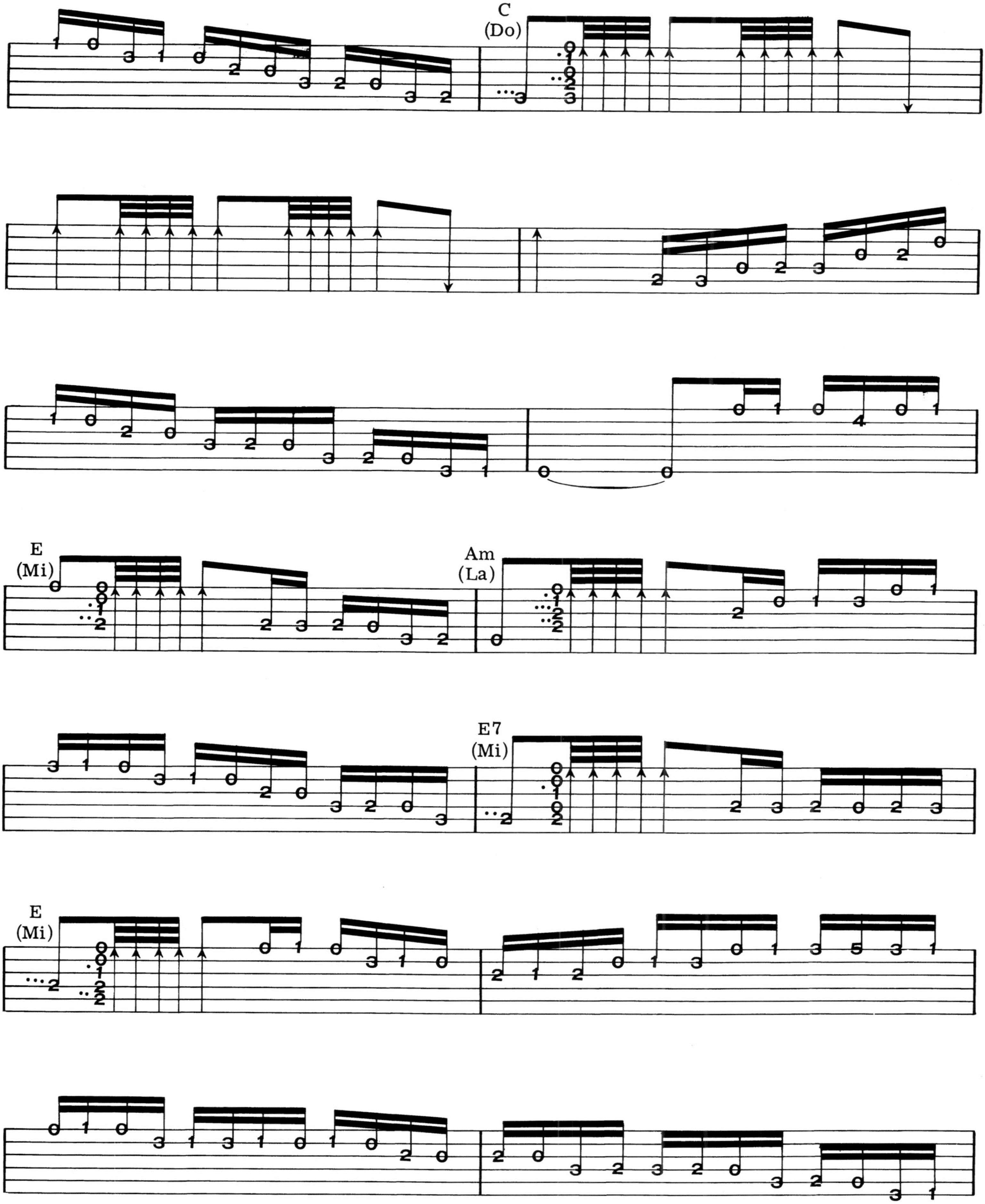

BELLA MAR (CONT.)

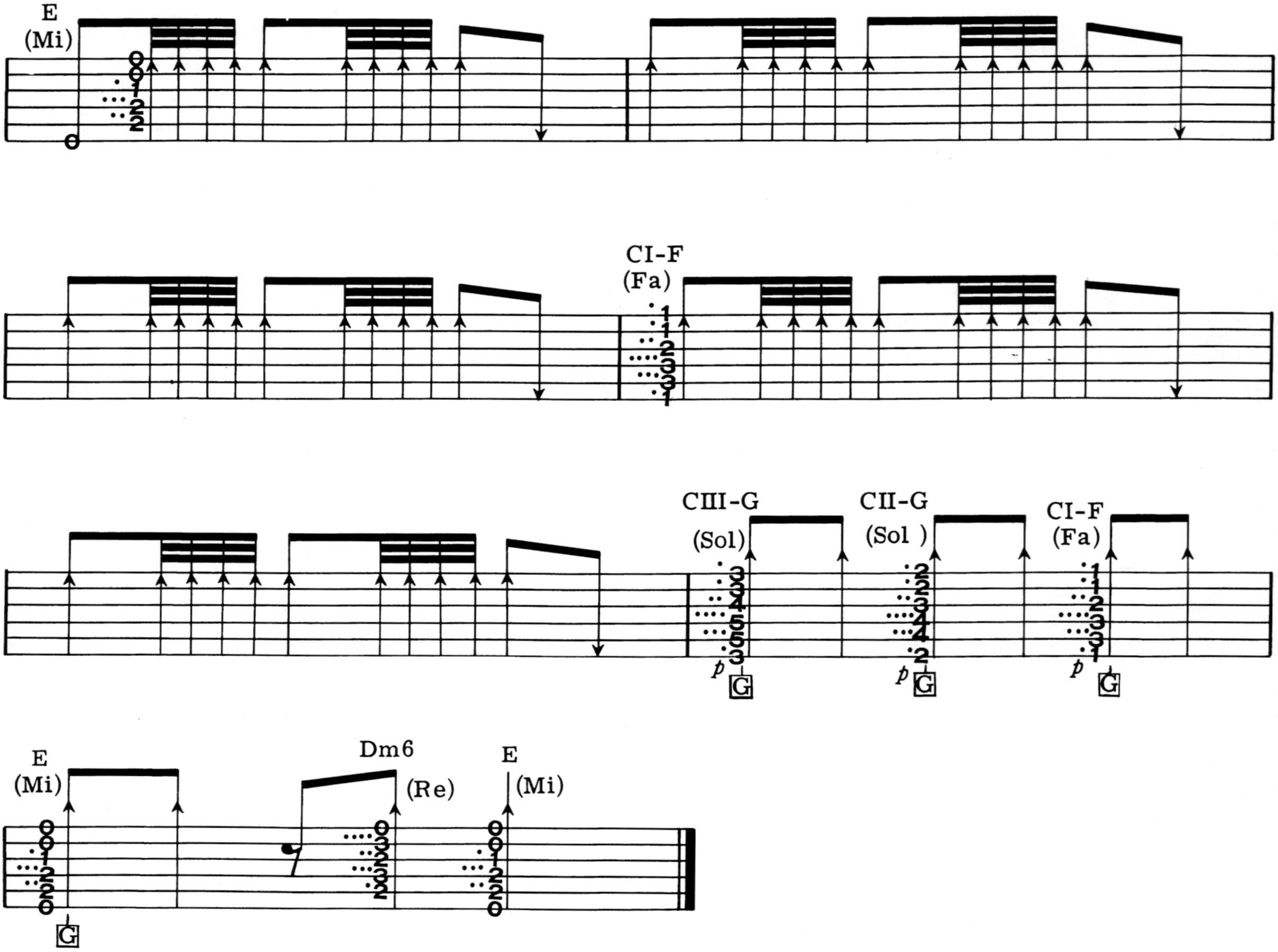

پتنرا

PETENERA

The name Petenera is a phonetic corruption of the Castilian word "Paternera."

Paterna is a village in the province of Cadiz. The women born in Paterna are "paterneras," in the very same way that those born in Sevilla are "sevillanas" and in Córdoba are "cordebesas."

The petenera lost much of its popularity due to the superstition that was created around it. Even today there are flamencos, mostly "gitanos" who, in addition to not interpreting it, do not even want its name to be mentioned in their presence because they continue to believe that it is going to bring them bad luck.

PETENERA

El nombre de Petenera es una corrupción fonética del vocablo castellano paternera.

Paterna es un pueblo de la provincia de Cádiz. Las mujeres nacidas en Paterna son Paterneras, lo mismo que las nacidas en Sevilla son Sevillanas y las nacidas en Córdoba son Cordobesas.

La Petenera perdió mucha popularidad a consecuencia de la supersticion que se creó de ella. Inclusive hoy día, hay algunos flamencos, la mayoría gitanos, que además de no interpretarla, no quieren ni que se mencione su nombre estando ellos presentes porque siguen creyendo que les va a traer mala suerte.

The reason for this superstition is that the first time it was interpreted in the theatre it was performed by four male dancers and a female dancer who represented the "petenera." During the performance she died. The four dancers carried her on their shoulders as they left, accentuating the rhythm of the petenera while singing at the same time" . . . the petenera has died and they are taking her to be buried . . .". When they reached the wings they discovered that she had in reality died possibly from a heart attack but the flamencos did not admit this, and for a long time no one interpreted it again until another great star dared to perform it in the theatre with such bad luck that at the end of the performance she received the news that her brother had died. It was then that the flamencos began to believe that the "petenera" brought bad luck to interpreters, and the superstition exists to this day.

El motivo de esta superstición fue porque la primera vez que se interpretó en teatro la bailaron cuatro bailarines y una bailarina que representaba la Petenera. Durante la actuació ella se murió. Los cuatro bailarines la tomaron a hombros e hicieron mutis acentuando el rítmo de petenera y cantando al mismo tiempo ". . . La Petenera se ha muerto, ya la llevan a enterrar." Al llegar a los bastidores descubrieron que en realidad estaba muerta, posiblemente tuvo un ataque cardíaco pero los flamencos no lo admitieron así y por mucho tiempo nadie la volvió a interpretar hasta que otra gran estrella se atrevió a volverla a representar en el teatro con tan mala suerte que al finalizar el espectáculo le dieron la noticia de que su hermano había fallecido. Entonces fué cuando los flamencos empezaron a creer que la Petenera traía mala suerte a sus interpretes y desde entonces existe la superstición.

The eminent Spanish poet García Lorca in his *Cantares Populares* published a "petenera" called "El Café de Chinitas." The classical guitarist Regino Sainz de la Maza includes a "petenera" in his *Suite Flamenca.* The great singer Pastora Pavón, Niña de los Peines, was one of its best interpreters and difused it throughout the world of flamenco. The great dancer Regla Ortega never stopped performing it. All this contributed to the prestige of the "petenera" and helped to obliterate the "leyenda negra" (the black legend) which had been created.

The tones of the "petenera" are minor and its measures are 3/4 and 6/8.

El eminente poeta español Federico García Lorca en su obra *Cantares Populares,* publicó una Petenera llamada "El Café de Chinitas." El guitarrista clásico español Regino Sainz de la Maza incluye una Petenera en su *Suite Flamenca.* La gran cantaora Pastora Pavón, Niña de los Peines, fué una de sus mejores interpretes y difundidora en el mundo flamenco. La gran bailaora Regla Ortega nunca dejó de bailarla. Todo esto ha contribuido al prestigio de la Petenera y a que se olvide la leyenda negra que de ella se había creado.

Los tonos de la Petenera son menores y su medida es de 3/4 y 6/8.

ENSUEÑO

(REVERIE)

(Petenera)

Juan Serrano

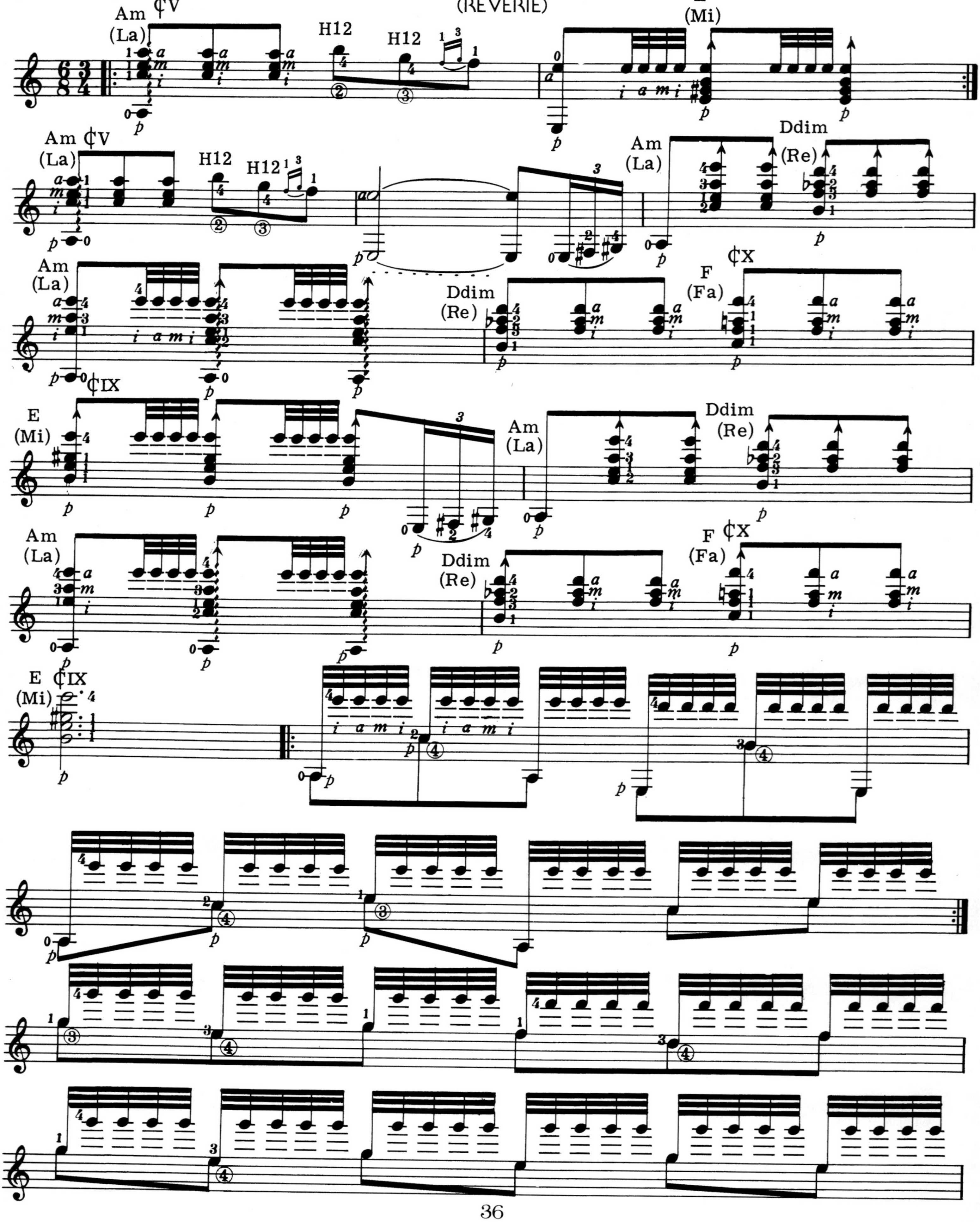

ENSUEÑO (CONT.)

ENSUEÑO (CONT.)

ENSUEÑO (CONT.)

ENSUEÑO (CONT.)

ENSUEÑO

(REVERIE)

(Petenera)

Juan Serrano

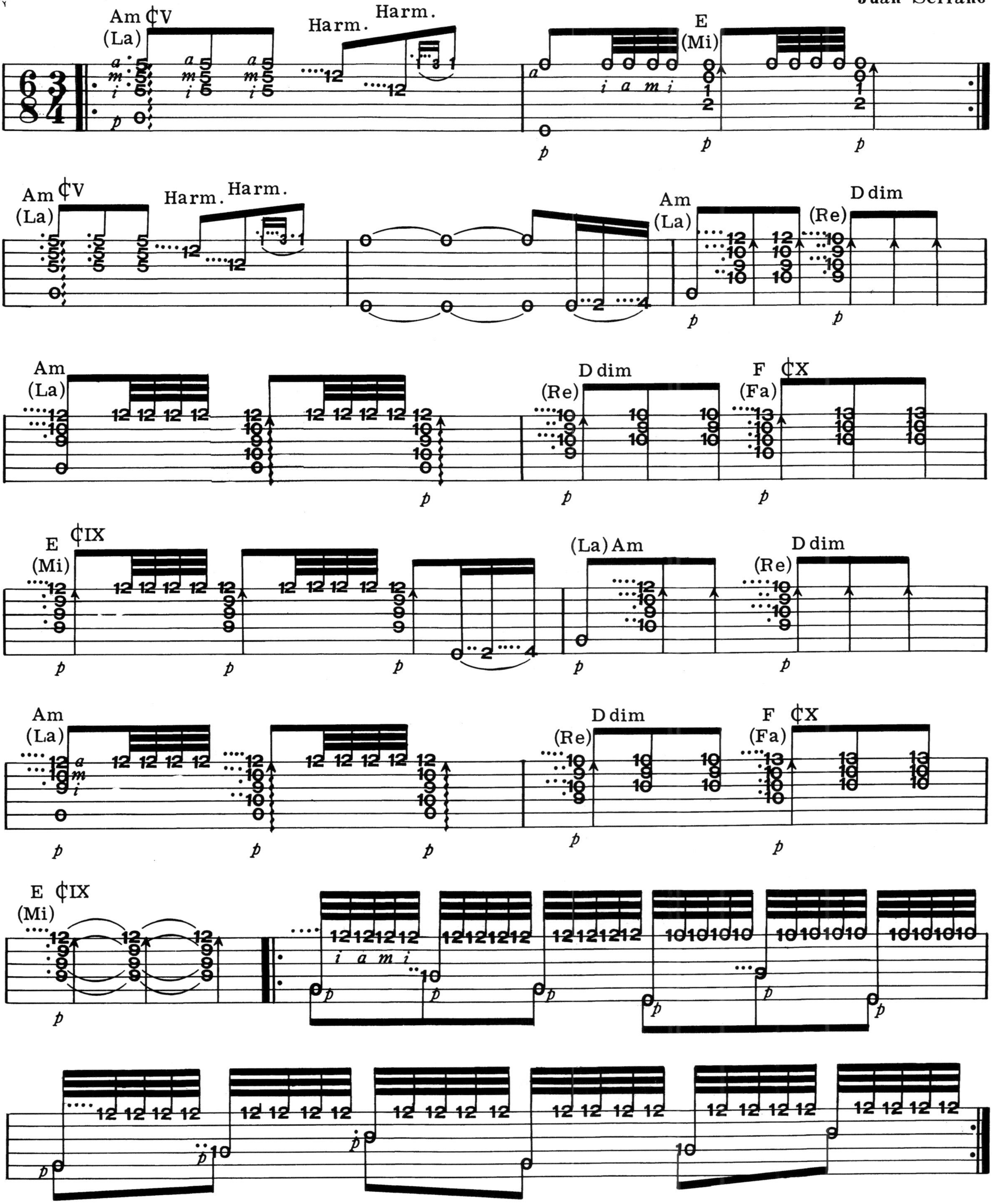

ENSUEÑO (CONT.)

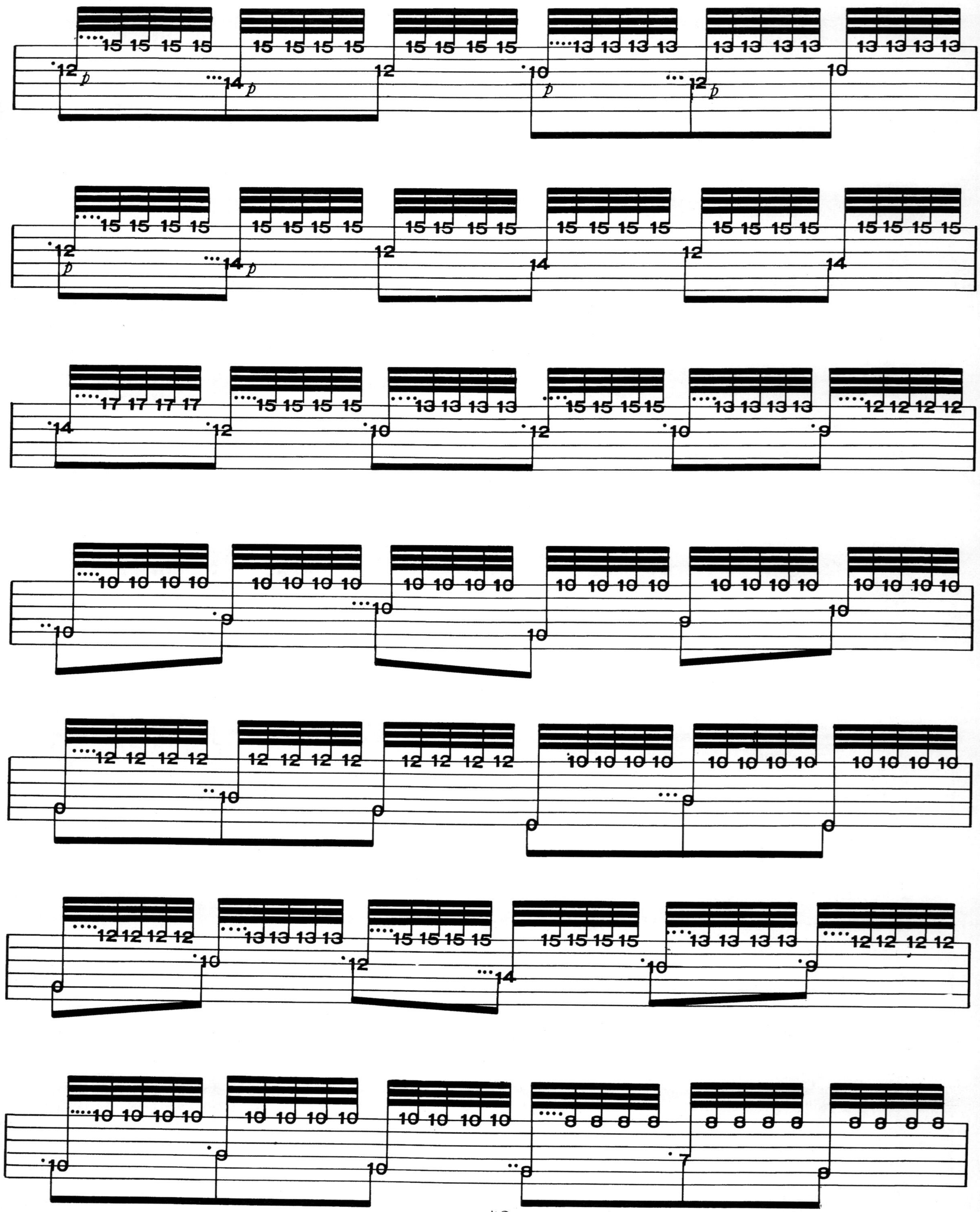

ENSUEÑO (CONT.)

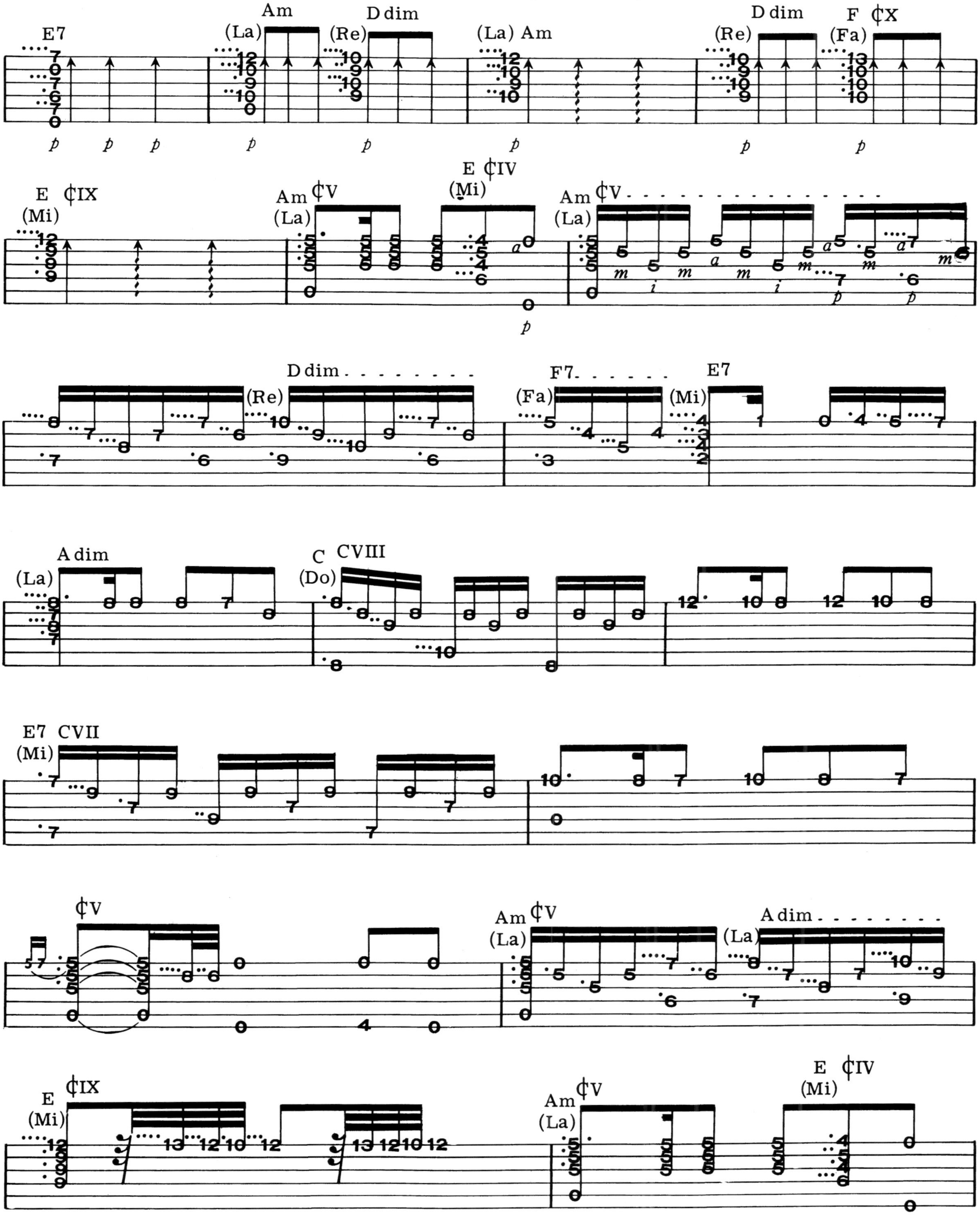

ENSUEÑO (CONT.)

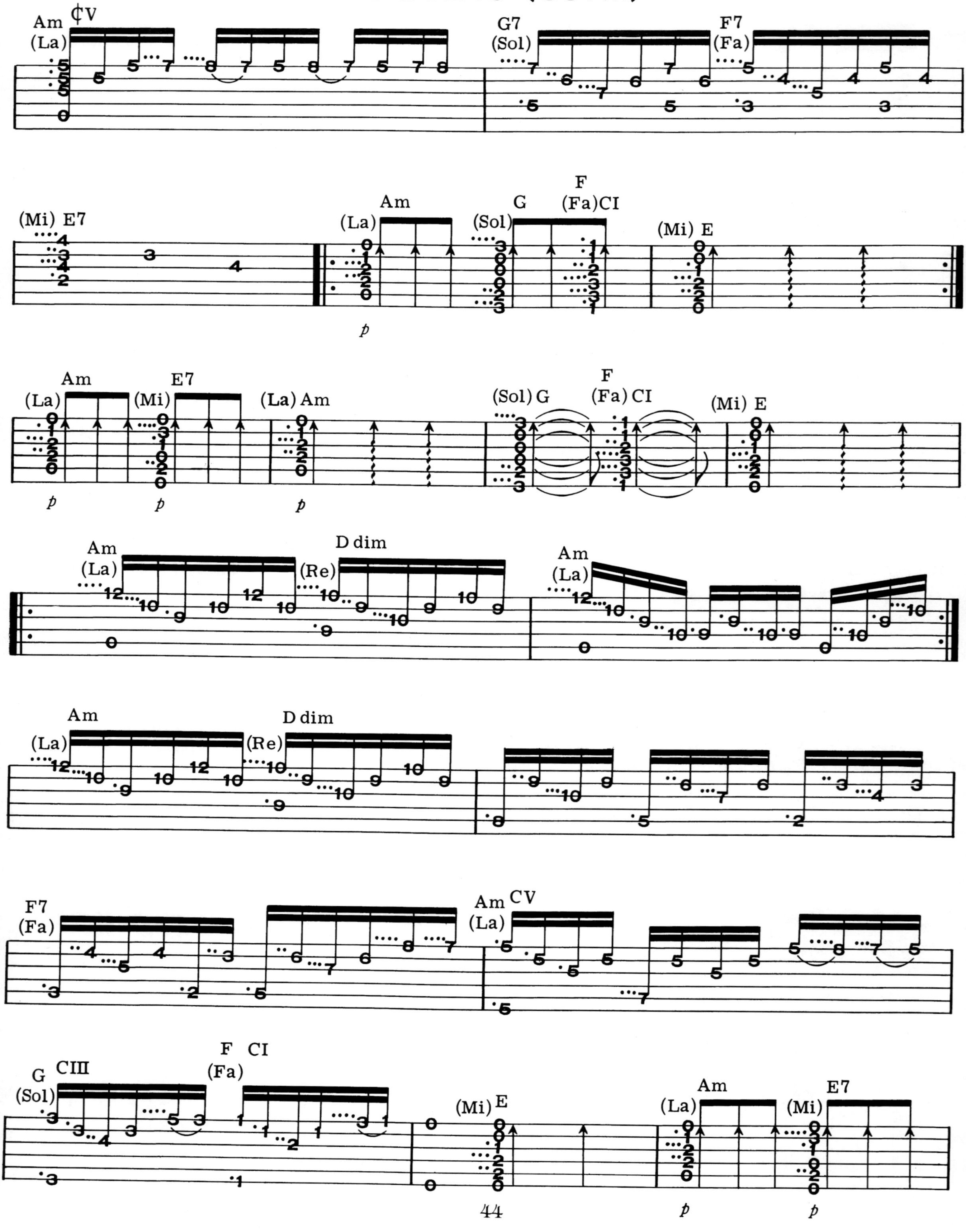

ENSUEÑO (CONT.)

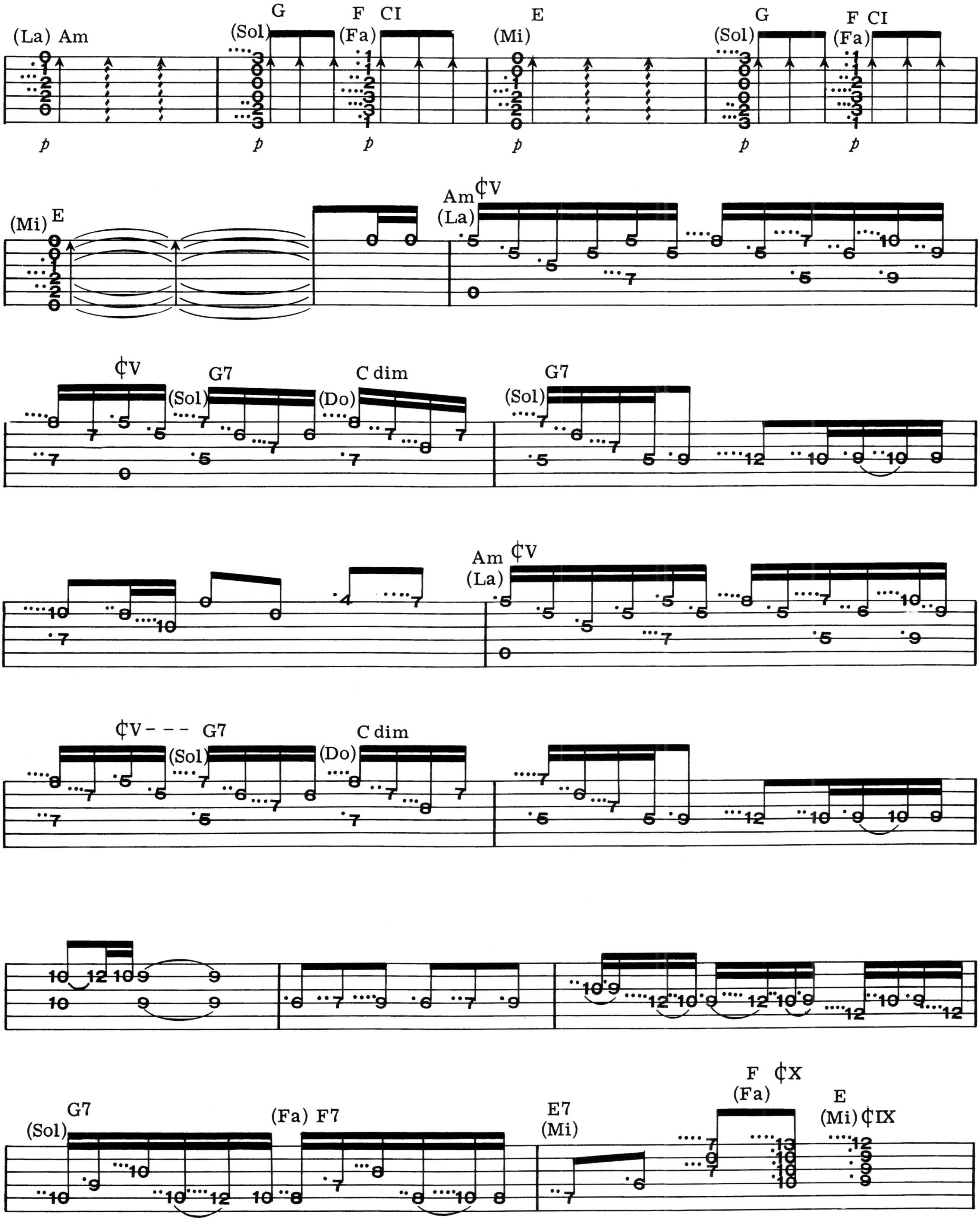

ENSUEÑO (CONT.)

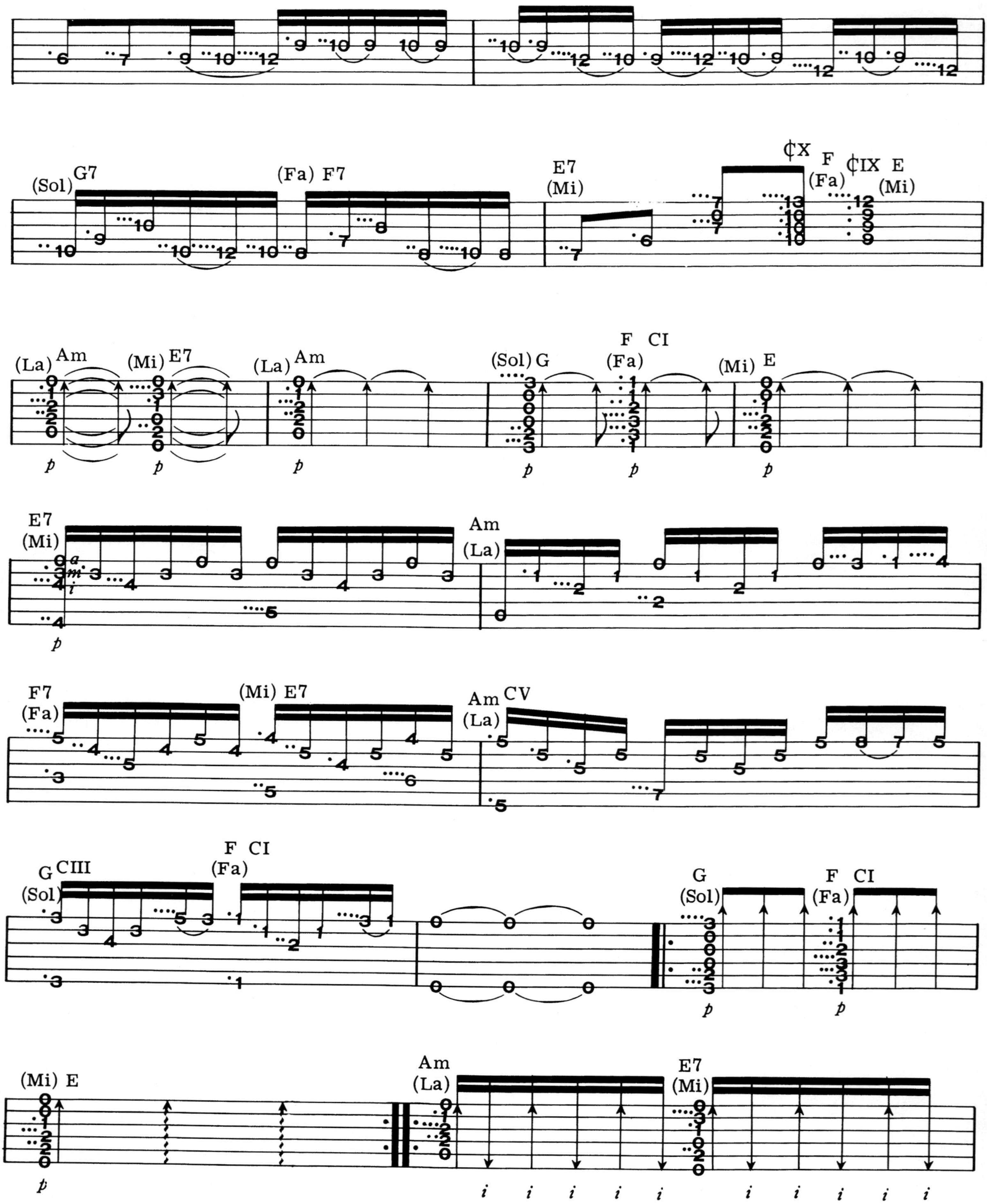

ENSUEÑO (CONT.)

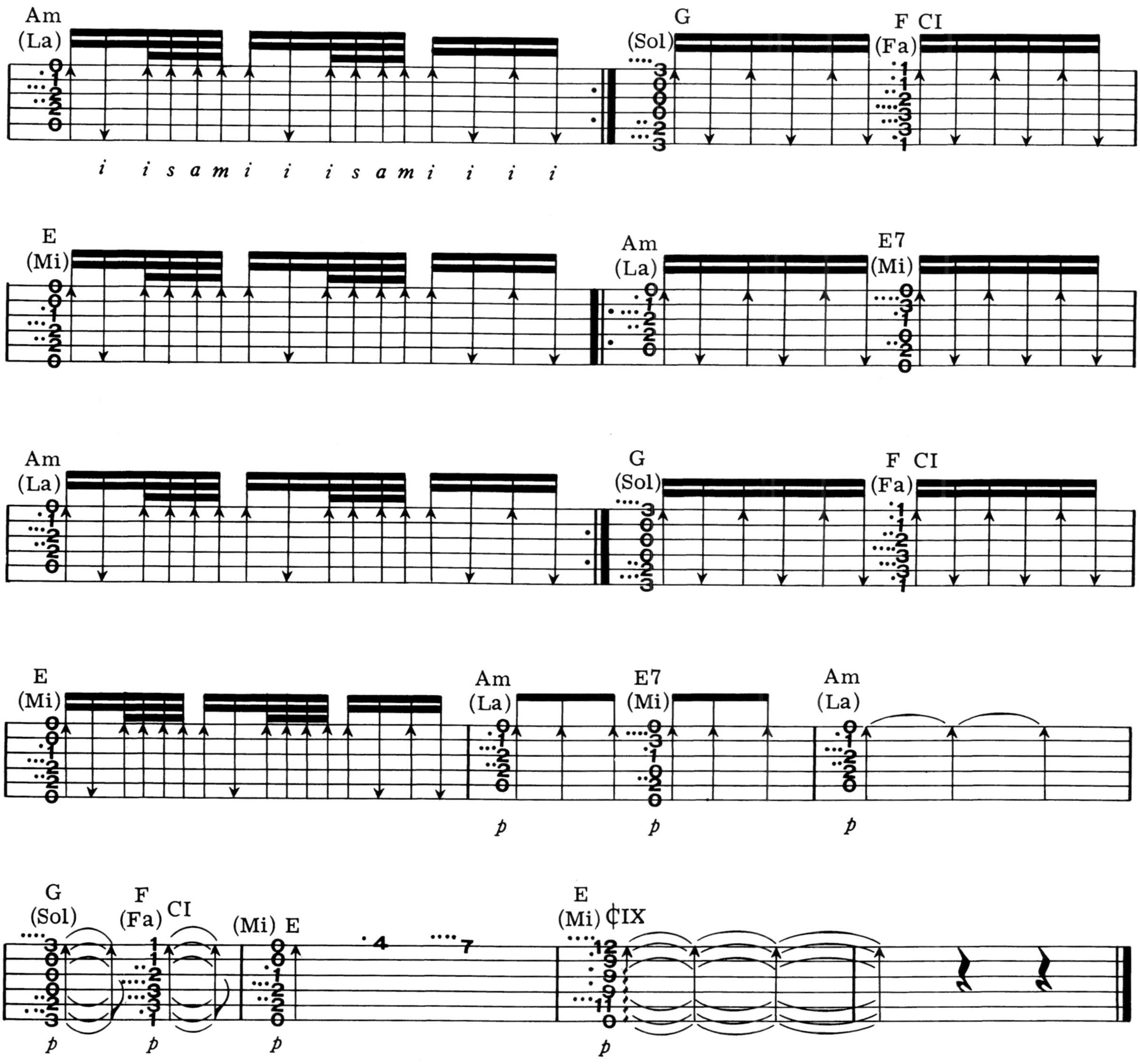

سَمْبرَا

ZAMBRA

The song and dance festivities that in the old days were celebrated by the Moors in Spain were called "zambras."

The name has continued, and still has its same meaning. Even today, elaborate festivities take place in the Cuevas de Sacromonte of Granada that are known all over Spain by the name "zambras."

In the beginning it merely signified "fiesta" with song and dance. Today it is also known as "zambra," a style of dance that is used in the "fiestas" of Sacromonte. This has created a great confusion among the very same professionals because some label "zambra" a composition of arabic characteristics and others a style of dance. In reality the dance that some call "zambra" is a rhythm based on the "tangos" and the "tientos." It is neither as fast as the tangos, nor as slow as the tientos.

ZAMBRA

A las fiestas con cantes y bailes que antiguamente celebraban los Moriscos en España les llamaban Zambras.

Este nombre se ha seguido manteniendo con el mismo significado. Inclusive hoy día se hacen grandes fiestas en las Cuevas de Sacromonte de Granada que son conocidas en toda España con el nombre de Zambras del Sacromonte.

En su origen solamente significaba fiesta con cantes y bailes. Hoy día también le llaman Zambra a un estilo de baile que usan en las fiestas de Sacromonte. Esto ha causado mucha confusión entre los mismos profesionales porque unos llaman Zambra a las composiciones de característica Arabe y otros a un estilo de baile. En realidad el baile que algunos llaman Zambra, es un tipo de ritmo basado en los tangos y los tientos, no es tan rápido como los tangos, ni tan lento como los tientos.

In my opinion, one could call it "tientos por tangos" because we already know that a style called "solea por bulerías" exists. This is a kind of "soleares," faster than the traditionals but slower than the dance "bulerías,". Because it is a combination of these two styles, it has been given this name in order to differentiate it from the others. The same thing can be done with the style called "zambra." By doing this, confusion would be eliminated among the "aficionados" and the professionals.

During some of my concert tours through Morocco, I had the good fortune to assist at many of these festivals, and it is this that gave me the idea to write this composition. It was not one particular chant or dance, but was the general atmosphere of each festivity. For this reason I call it Zambra which means Arabic festivity. It is also based on the true Arabic festivities.

En mi opinión, se le podría llamar tientos por tangos porque ya sabemos que existe un estilo llamado soleá por bulerías que se trata de unas soleares más rápidas que las tradicionales y más lentas que las bulerías bailables, y por tratarse de una combinación de los dos estilos se le ha dado este nombre para poderlo diferenciar de uno y de otro. Lo mismo se puede hacer con el estilo que algunos llaman Zambra, y así se evitarían confusiones entre los aficionados y los profesionales.

Durante algunas de mis jiras por Marruecos tuve la suerte de asistir a muchas de estas fiestas, y lo que me dió la idea de hacer esta composición no fúe un cante o una danza en particular; sino el ambiente general de cada fiesta. Por eso lo llamo Zambra, porque esta basada en las verdaderas fiestas Arabes.

FANTASY

(ZAMBRA)

6th=D (Re)

Juan Serrano

FANTASY (CONT.)

FANTASY (CONT.)

FANTASY (CONT.)

FANTASY (CONT.)

FANTASY (CONT.)

FANTASY

(ZAMBRA)

6th=D (Re)

Juan Serrano

FANTASY (CONT.)

FANTASY (CONT.)

FANTASY (CONT.)

FANTASY (CONT.)

FANTASY (CONT.)

FANTASY (CONT.)

FANTASY (CONT.)

FANTASY (CONT.)

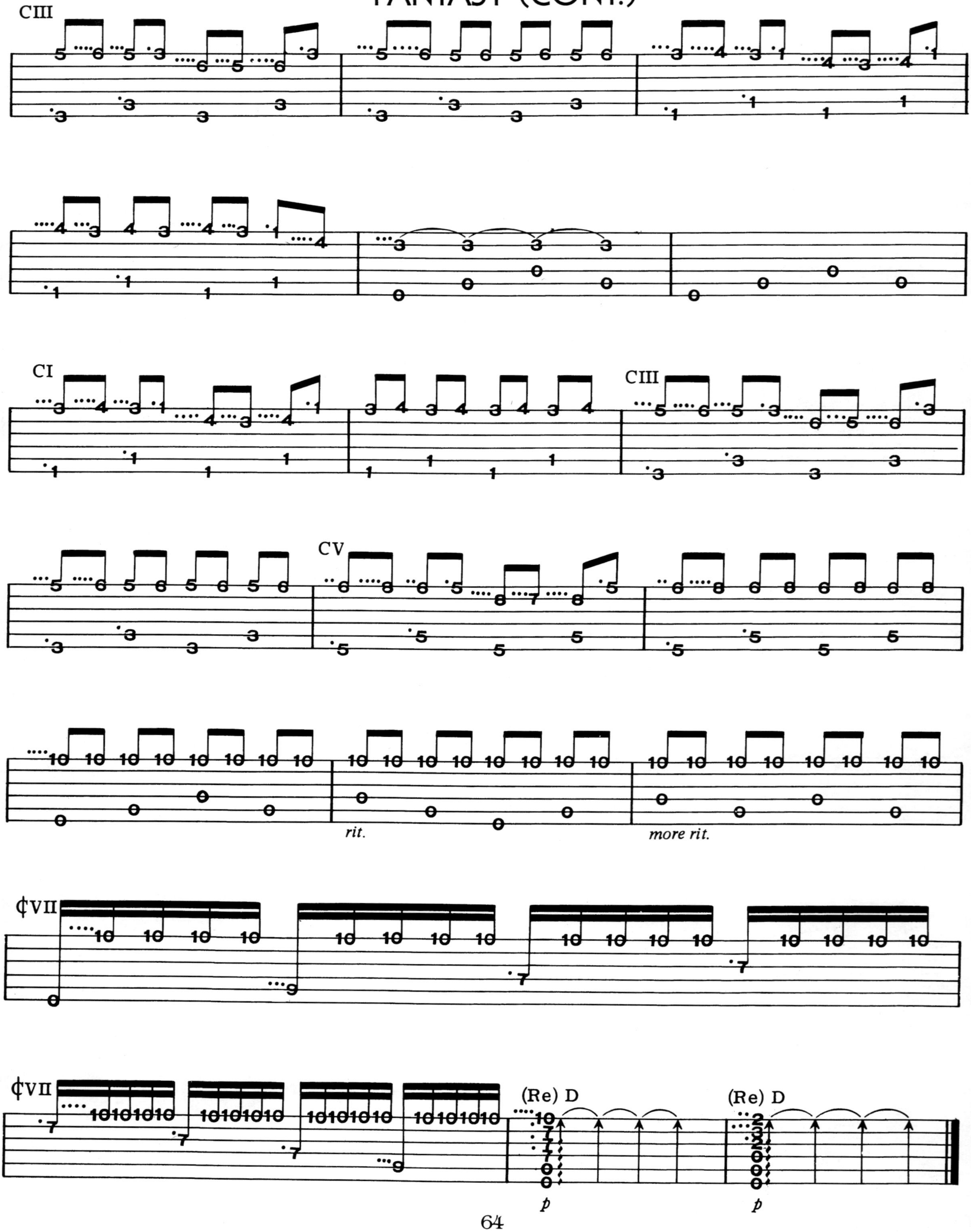

فَرُّكَسْ

FARRUCA

The "farruca" comes from Galicia. It was adapted to the flamenco forms. In the old festivities it was sung and danced; but slowly its song disappeared, and today it is only danced and not sung. The "farruca" of the "Sombrero de Tres Picos" of the great Spanish composer Manuel de Falla helped the evolution of the "Farruca Flamenca." Almost all of the solo guitarists included it in their repertoire.

The "farruca" of the following composition is dedicated to my son Juani.

FARRUCA

La Farruca es de procedencia Gallega. Se adaptó a las costumbres Andaluzas y se agregó a las formas flamencas. Antiguamente se cantaba y se bailaba pero poco a poco fué desapareciendo el cante y hoy día nadie la canta, solamente se baila.
La farruca del "Sombrero de Tres Picos" del gran compositor español Manuel de Falla, ayudó tanto a la evolución de la Farruca Flamenca que casi todos los guitarristas solistas la incluyen en su repertorio.

La Farruca de la composición que sigue está dedicada a mi hijo Juani.

بِسْمِ اللَّهِ الرَّحْمَنِ الرَّحِيمِ

JUANI

(Farrucas)

Juan Serrano

JUANI (CONT.)

E7 CVII
(Mi)
IX
Am
(La)
E CVII
(Mi)
CV Dm
(Re)
VII Am
(La)
CVII G
(Sol)
CV F
(Fa)
CIV E
(Mi)
Am
(La)
Am
(La)
Dm6
(Re)
E7+ 9
(Mi)
Am
(La)
Am
CVII
(La)
CV Am
(La)
CV Dm
(Re)
CVII
E7
(Mi)
E7 CVII
(Mi)

JUANI (CONT.)

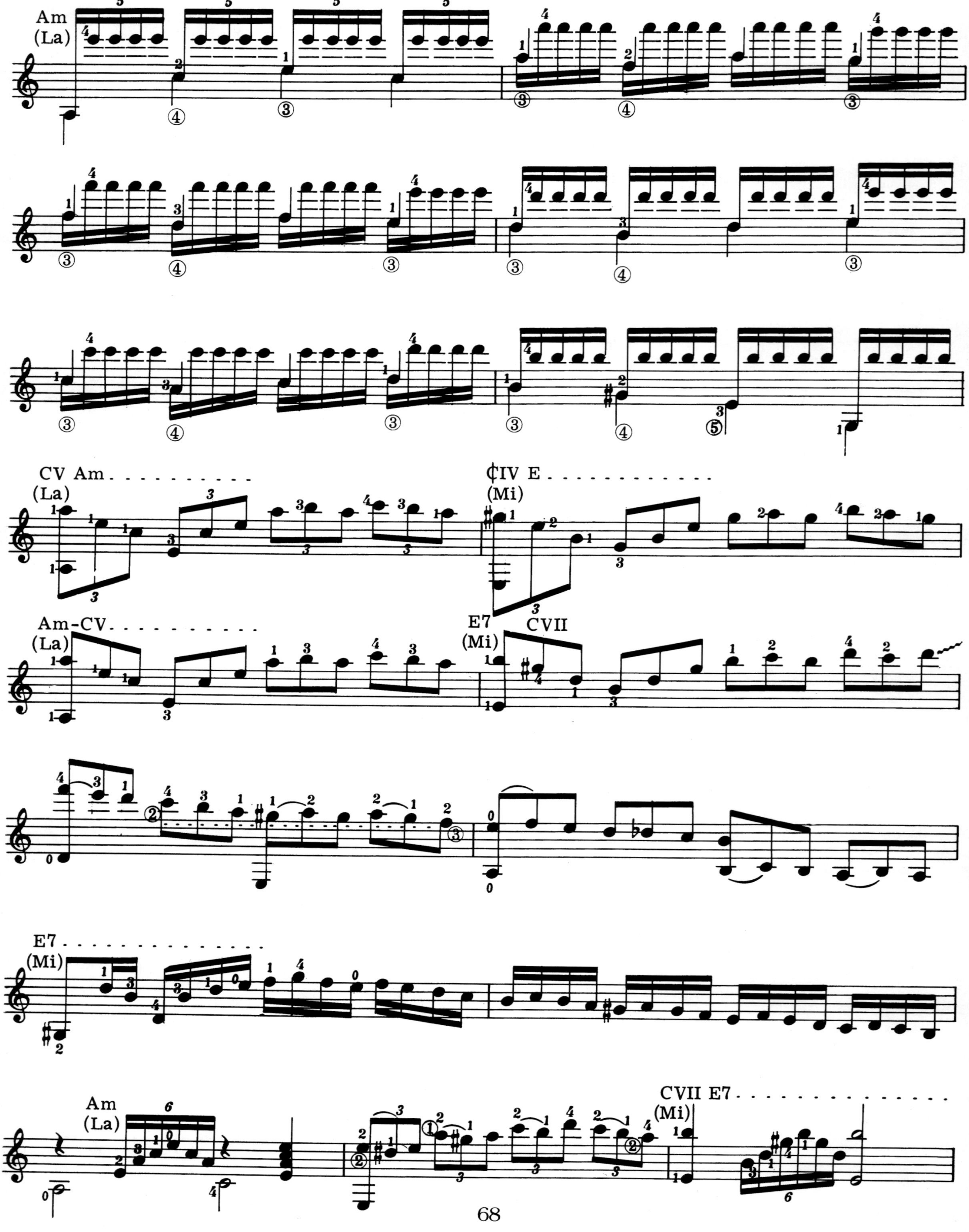

JUANI (CONT.)

CVII E7
(Mi)
CV Dm
(Re)
Am
(La)
Am
(La)
E7
(Mi)
Am
(La)
CIII G
(Sol)
C
(Do)
CI-F
(Fa)
E7
(Mi)
Am
(La)

JUANI (CONT.)

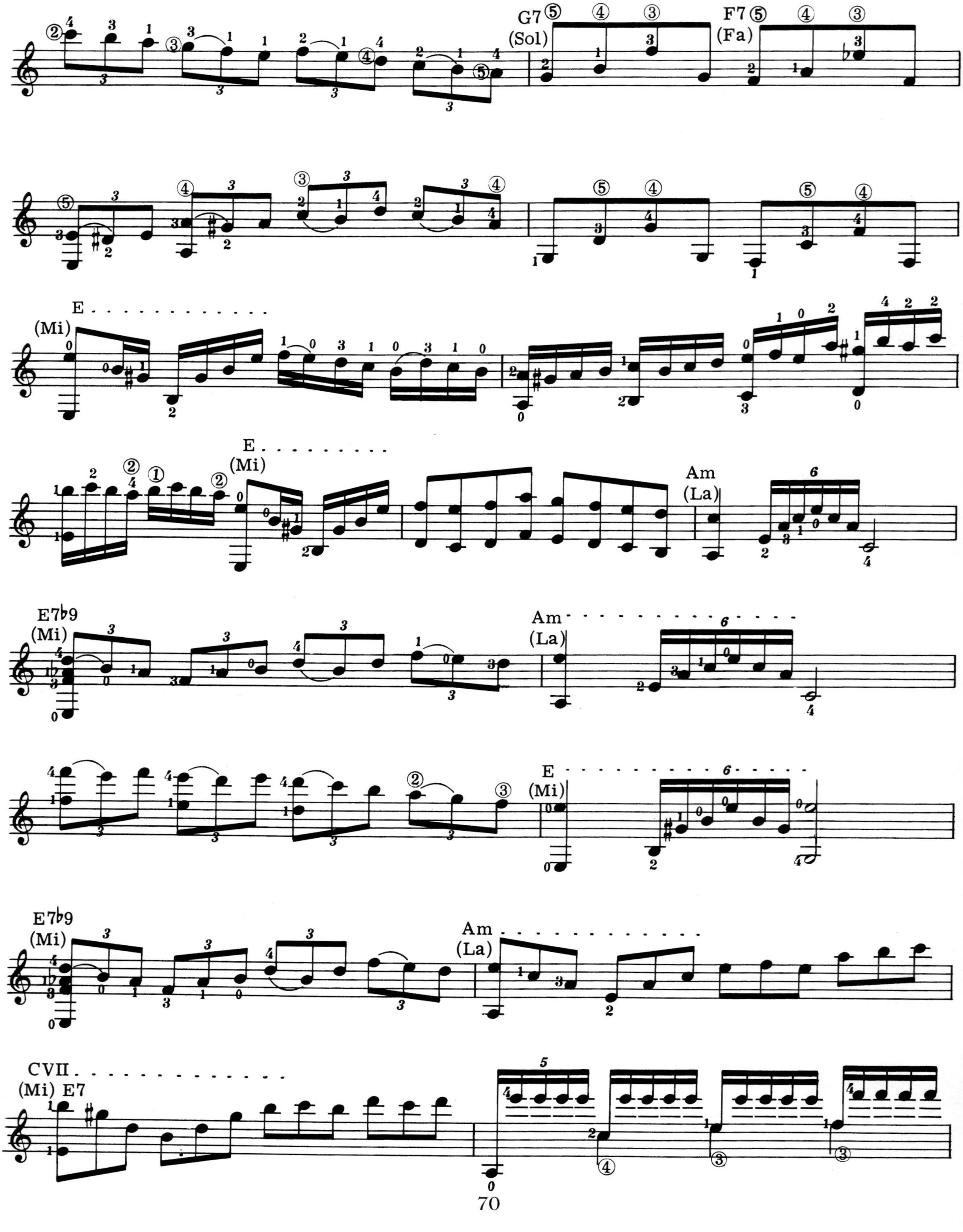

JUANI (CONT.)

CV Am
(La)
¢IV E
(Mi)
CV Am
(La)
¢IV E
(Mi)
CV Am
(La)
CVII E7
(Mi)
CIII
F CI
(Fa)
E7
(Mi)
V Am
(La)

JUANI

(Farrucas)

Juan Serrano

JUANI (CONT.)

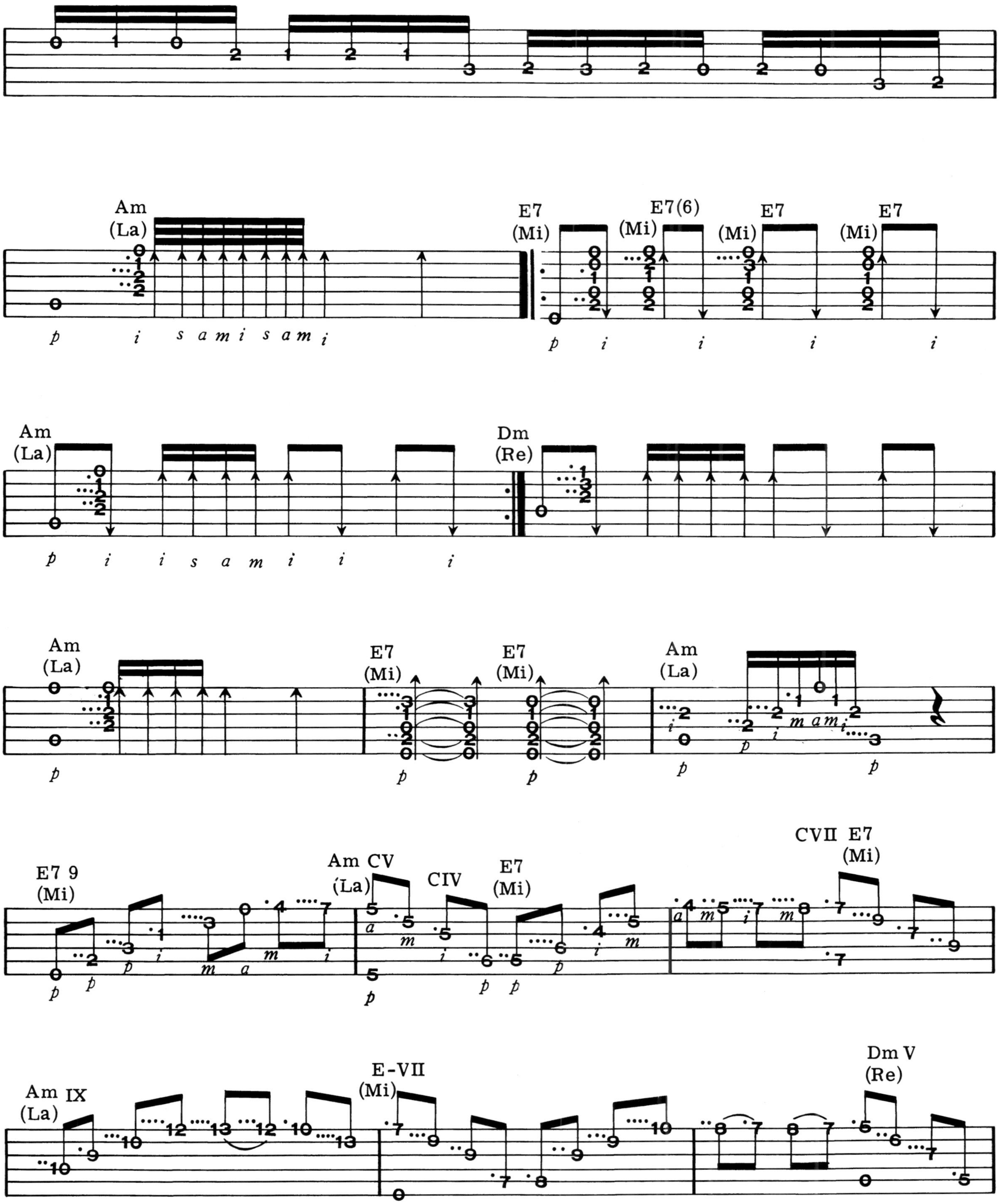
Am
(La)
E7
(Mi)
E7(6)
(Mi)
E7
(Mi)
E7
(Mi)
Am
(La)
Dm
(Re)
Am
(La)
E7
(Mi)
E7
(Mi)
Am
(La)
E7 9
(Mi)
Am CV
(La)
CIV
E7
(Mi)
CVII E7
(Mi)
Am IX
(La)
E-VII
(Mi)
Dm V
(Re)

JUANI (CONT.)

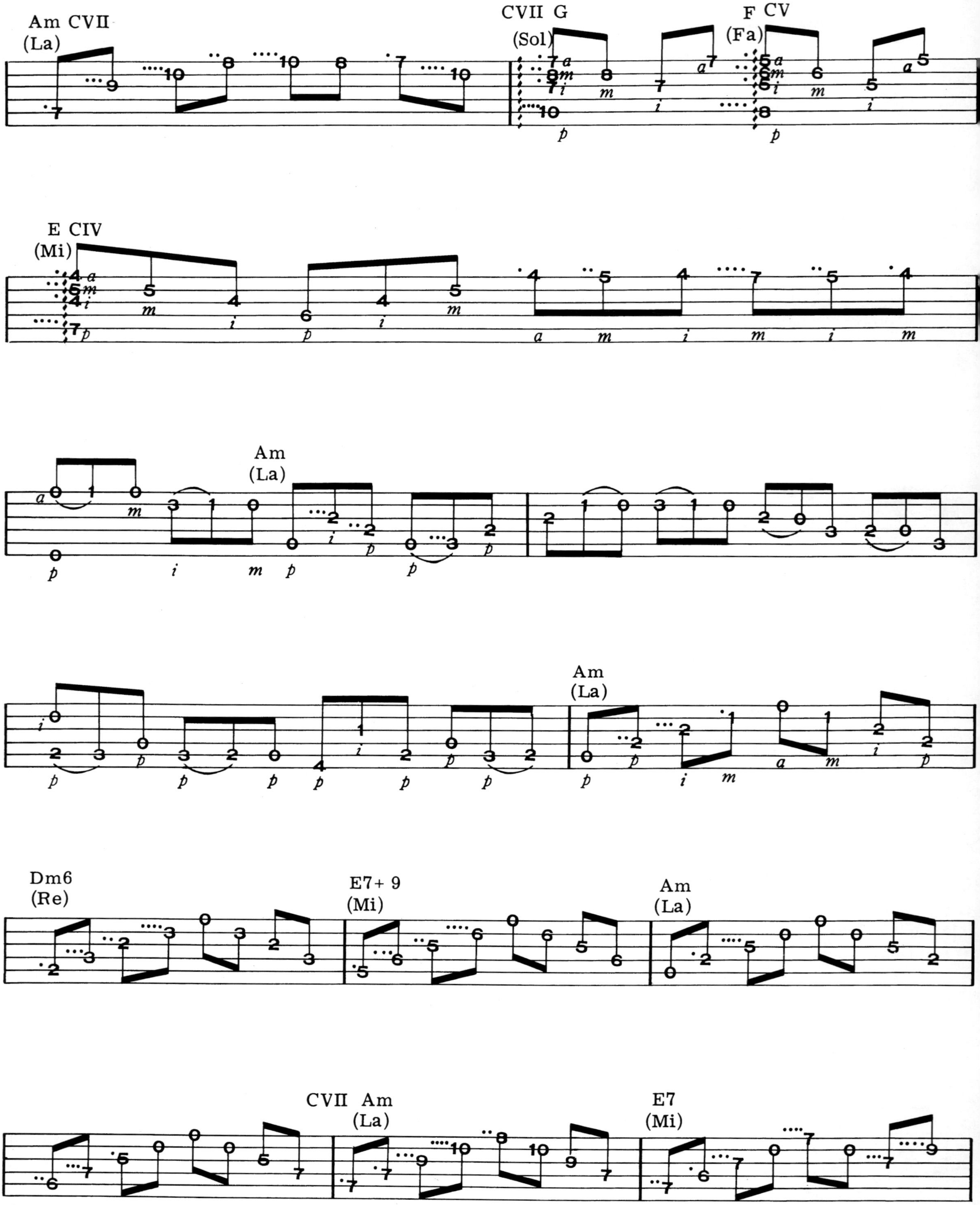
Am CVII
(La)
CVII G
(Sol)
F CV
(Fa)
E CIV
(Mi)
Am
(La)
Am
(La)
Dm6
(Re)
E7+ 9
(Mi)
Am
(La)
CVII Am
(La)
E7
(Mi)

JUANI (CONT.)

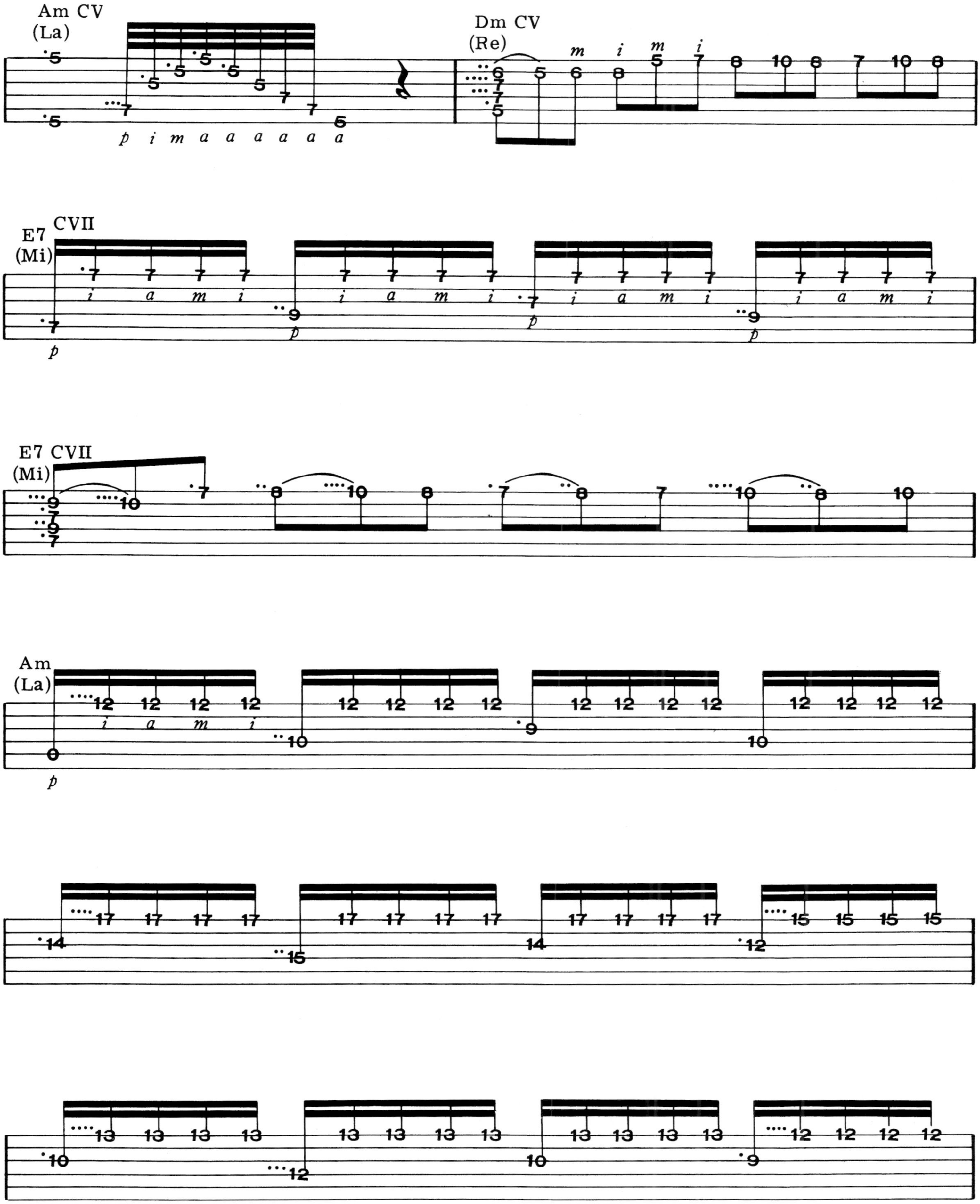

JUANI (CONT.)

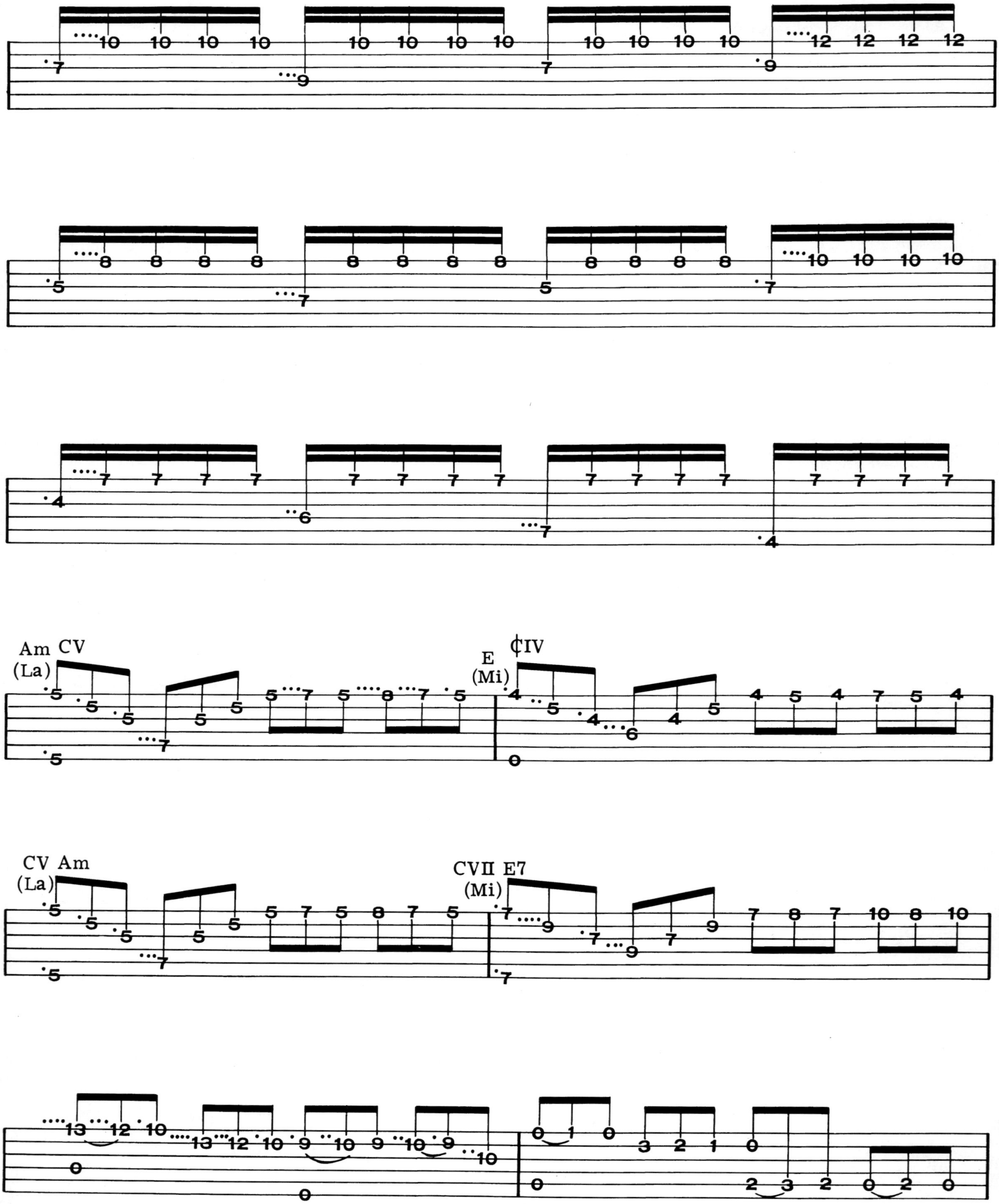

JUANI (CONT.)

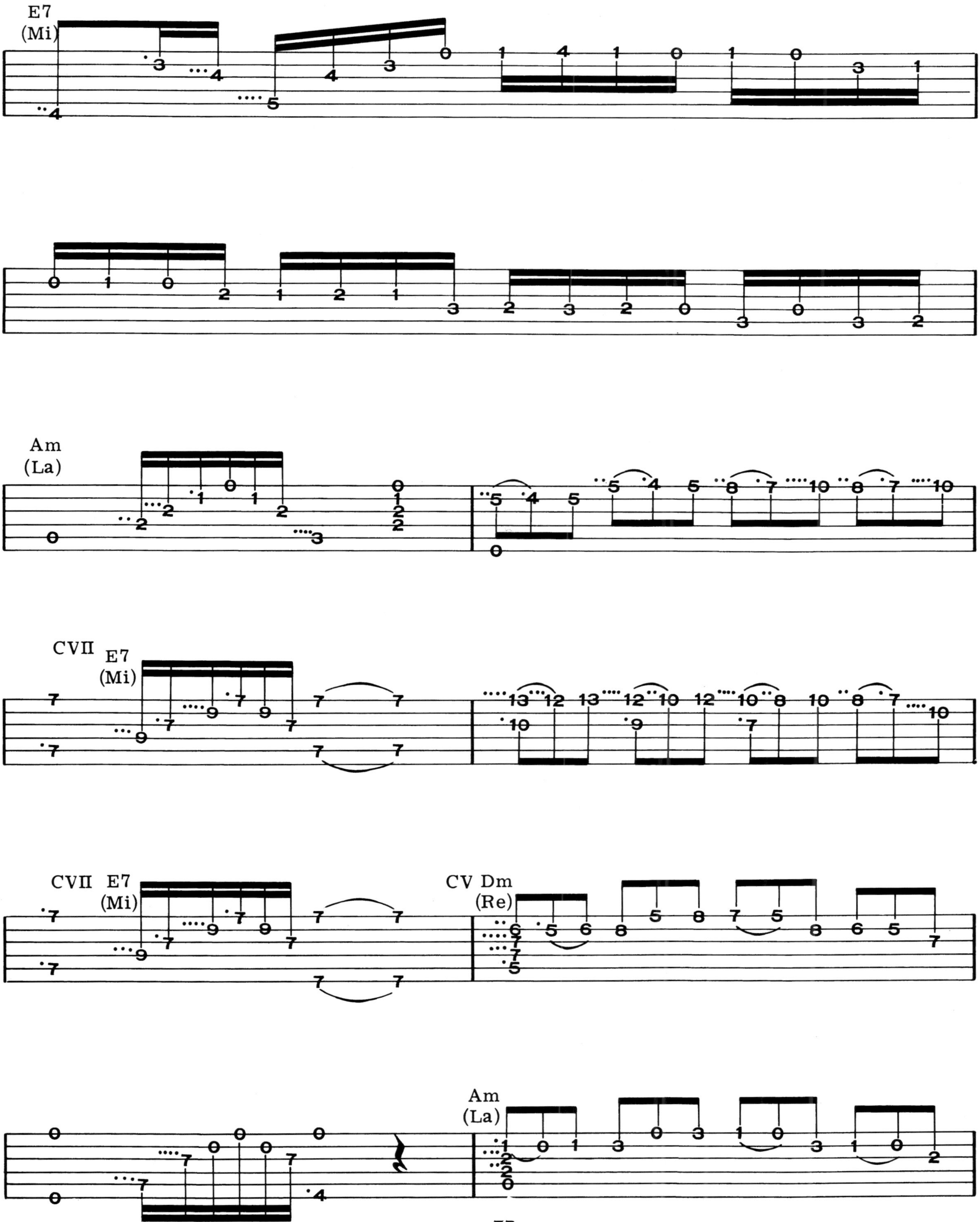

JUANI (CONT.)

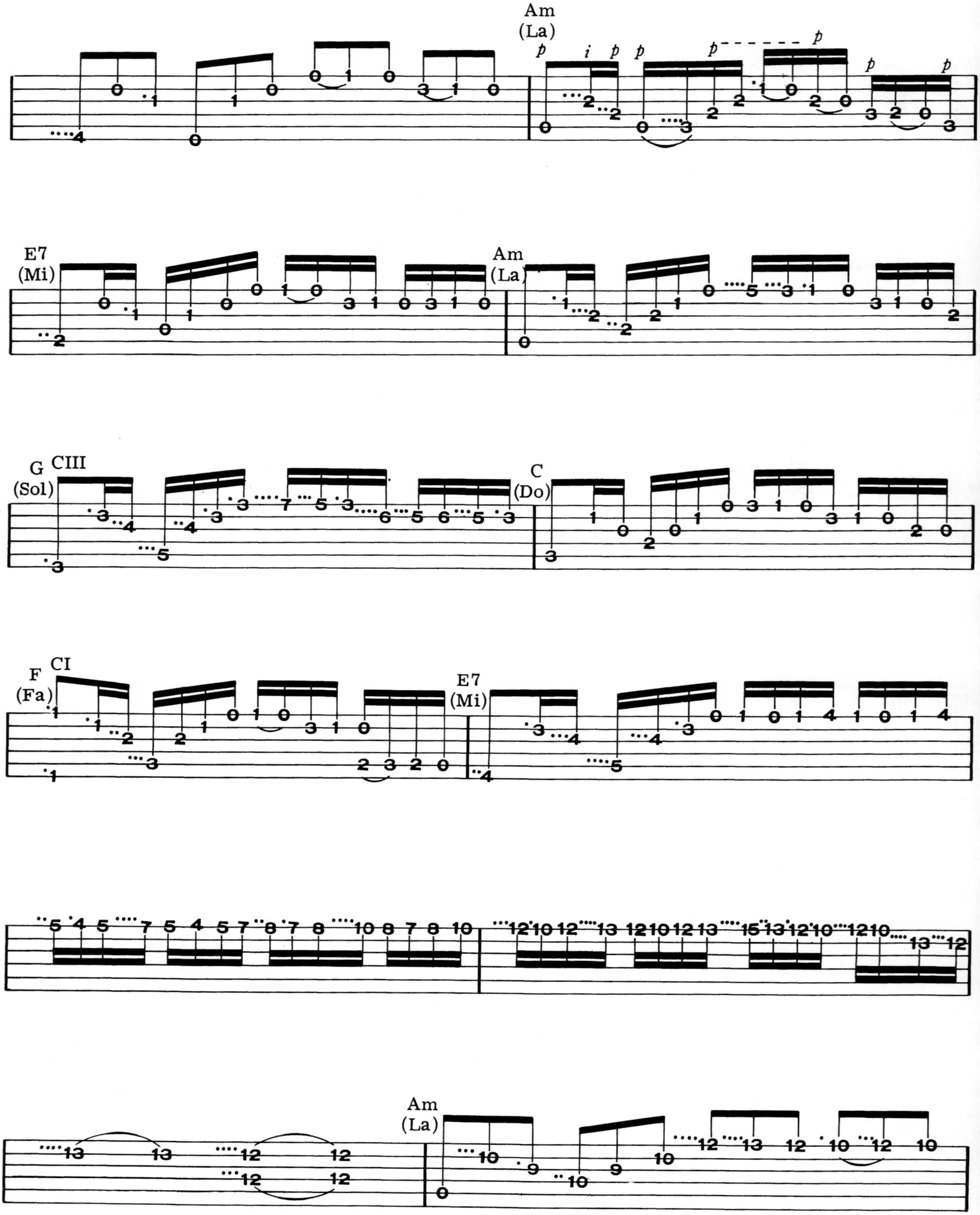

JUANI (CONT.)

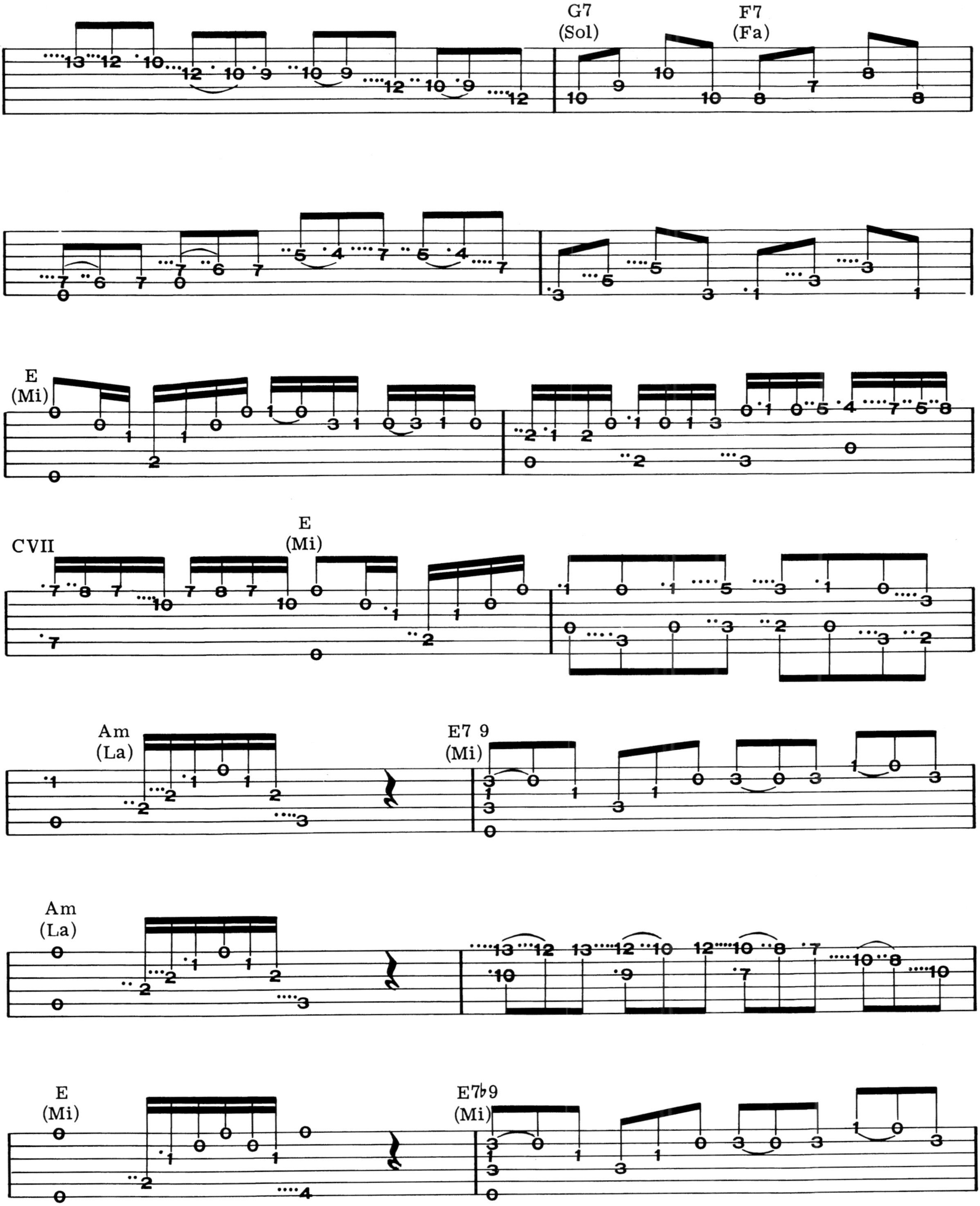

JUANI (CONT.)

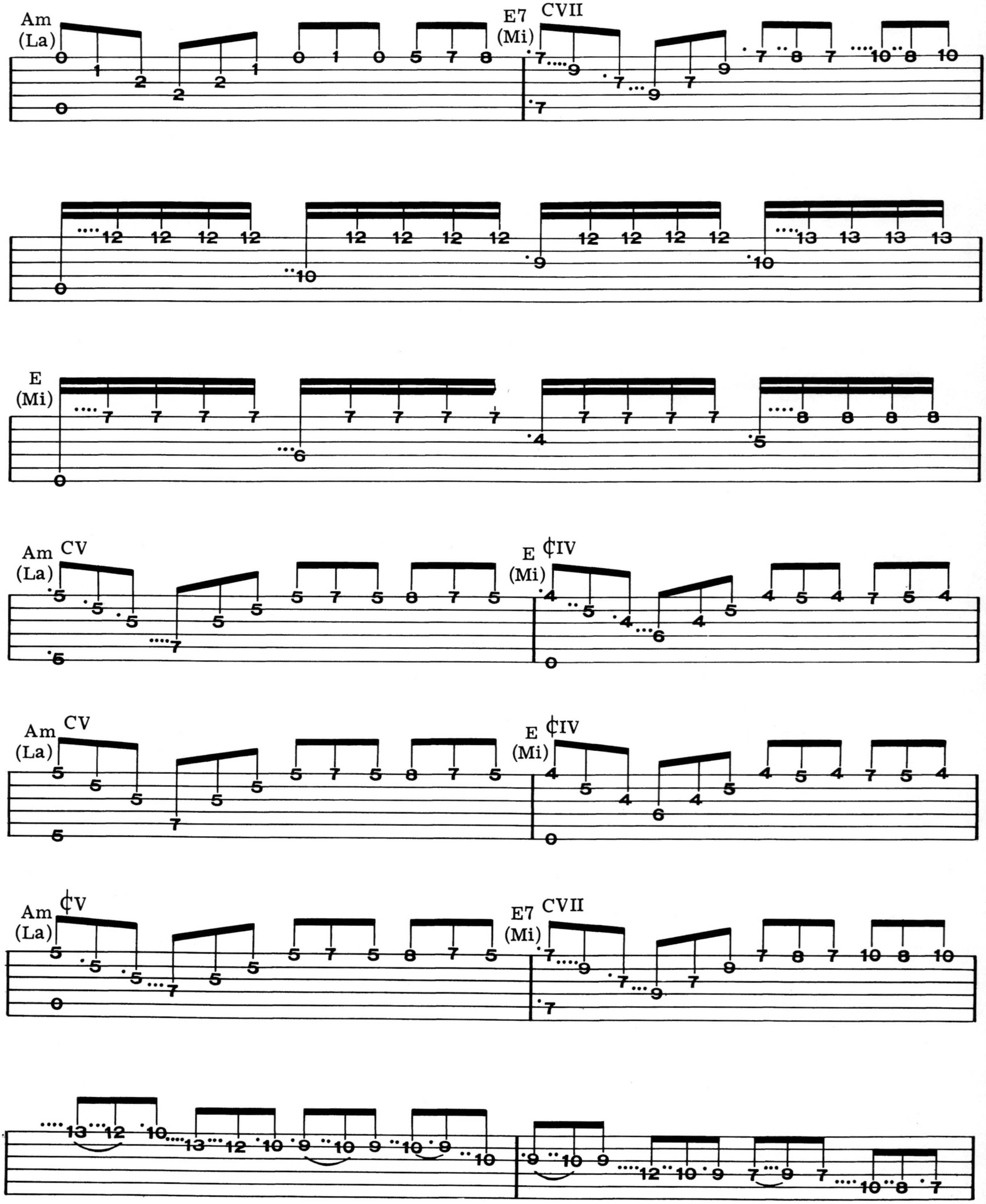
Am
(La)
E7
(Mi)
CVII
E
(Mi)
Am
(La)
CV
E
(Mi)
¢IV
Am
(La)
CV
E
(Mi)
¢IV
Am
(La)
¢V
E7
(Mi)
CVII

JUANI (CONT.)

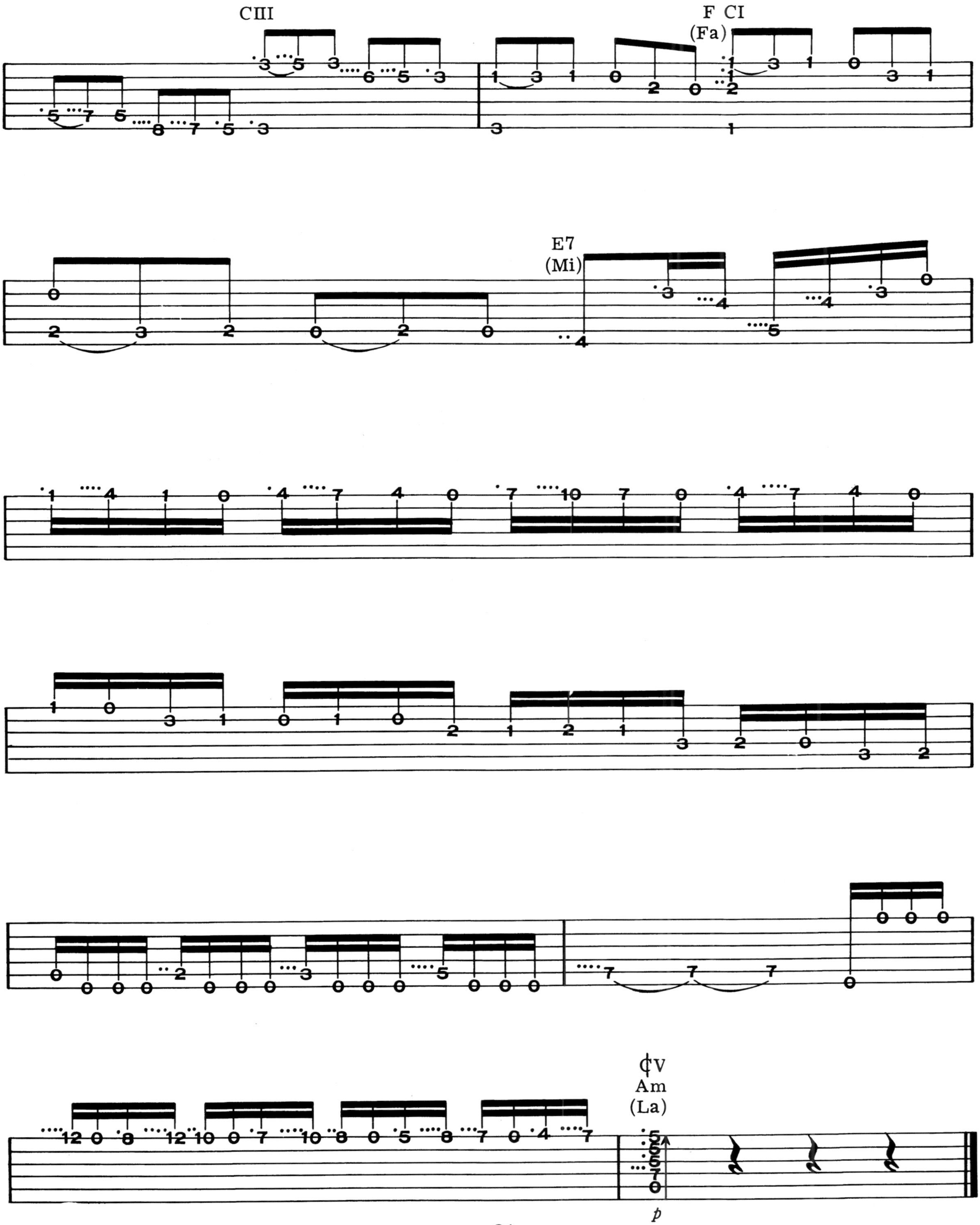

أَلِجرِيَسْ

LIDIA

Lidia is a composition based on the "alegrías" of Córdoba. We already know that the alegrías come from the "jota aragonesa" and that life was given to it in Cádiz; but Córdoba has its own style of alegrías. The only difference is that those of Cádiz are in major tones and those of Córdoba are in minor tones. For this reason this composition is in E Minor.

To this number, one cannot adapt singing because it does not have rhythmic interruptions between one melody and another. However, one can adapt dance to it, because rhythmically they are alegrías.

I dedicate this composition to my daughter Lidia.

LIDIA

Lidia es una composición basada en las Alegrías de Córdoba. Ya sabemos que las alegrías son procedentes de la Jota Aragonesa y que se le dió vida en Cádiz; pero Córdoba tiene su propio estilo de Alegrías, la única diferencia es que las de Cádiz son tonos mayores y las de Córdoba son tonos menores, por eso es que esta composición está escrita en Mi menor.

A este número no se le puede adaptar cante porque no tiene interrupción rítmica entre falseta y falseta; pero si se le puede adaptar baile, puesto que ritmicamente son Alegrías.

Esta composición está dedicada a mi hija Lidia.

LIDIA

(Alegrias)

Juan Serrano

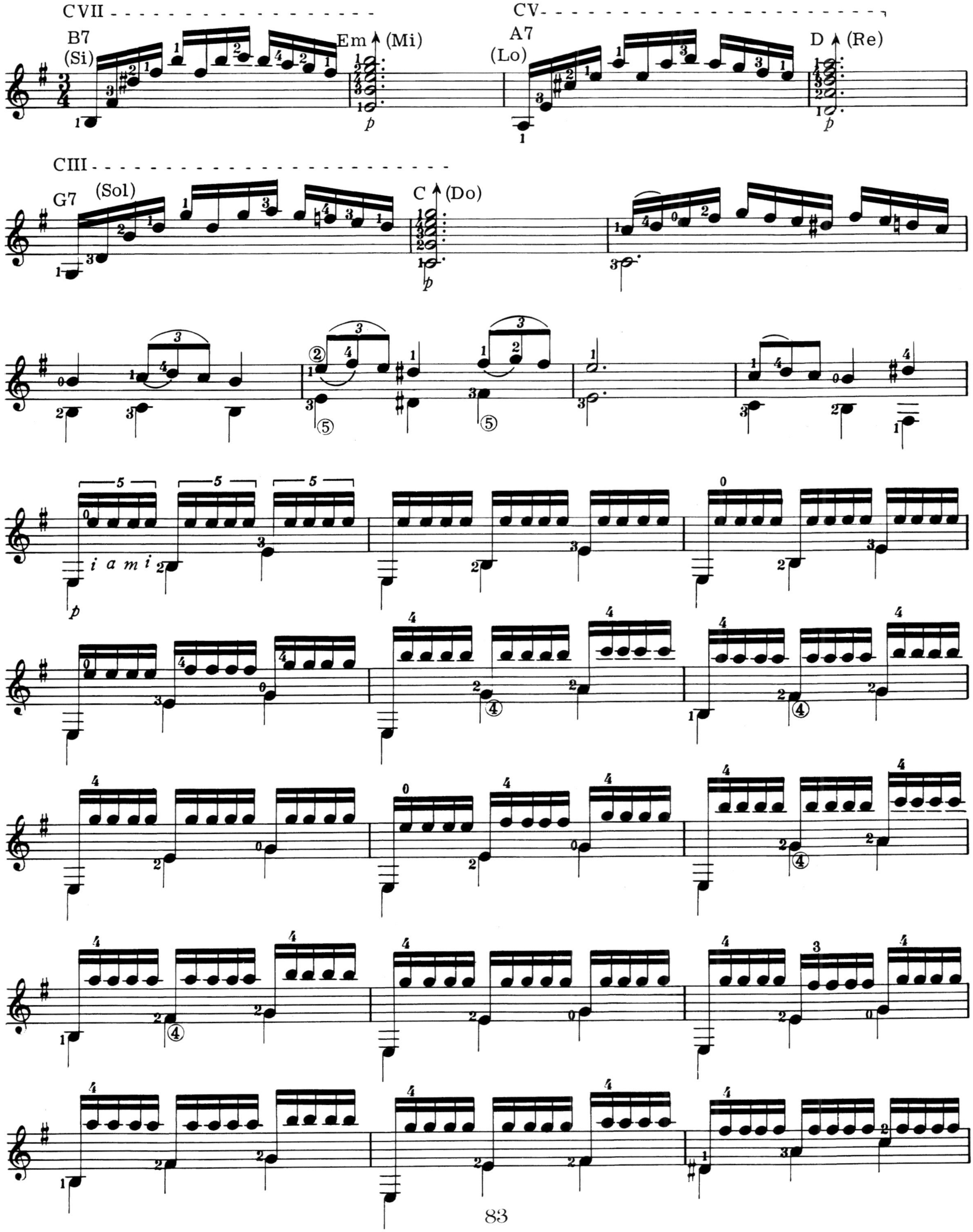

LIDIA (CONT.)

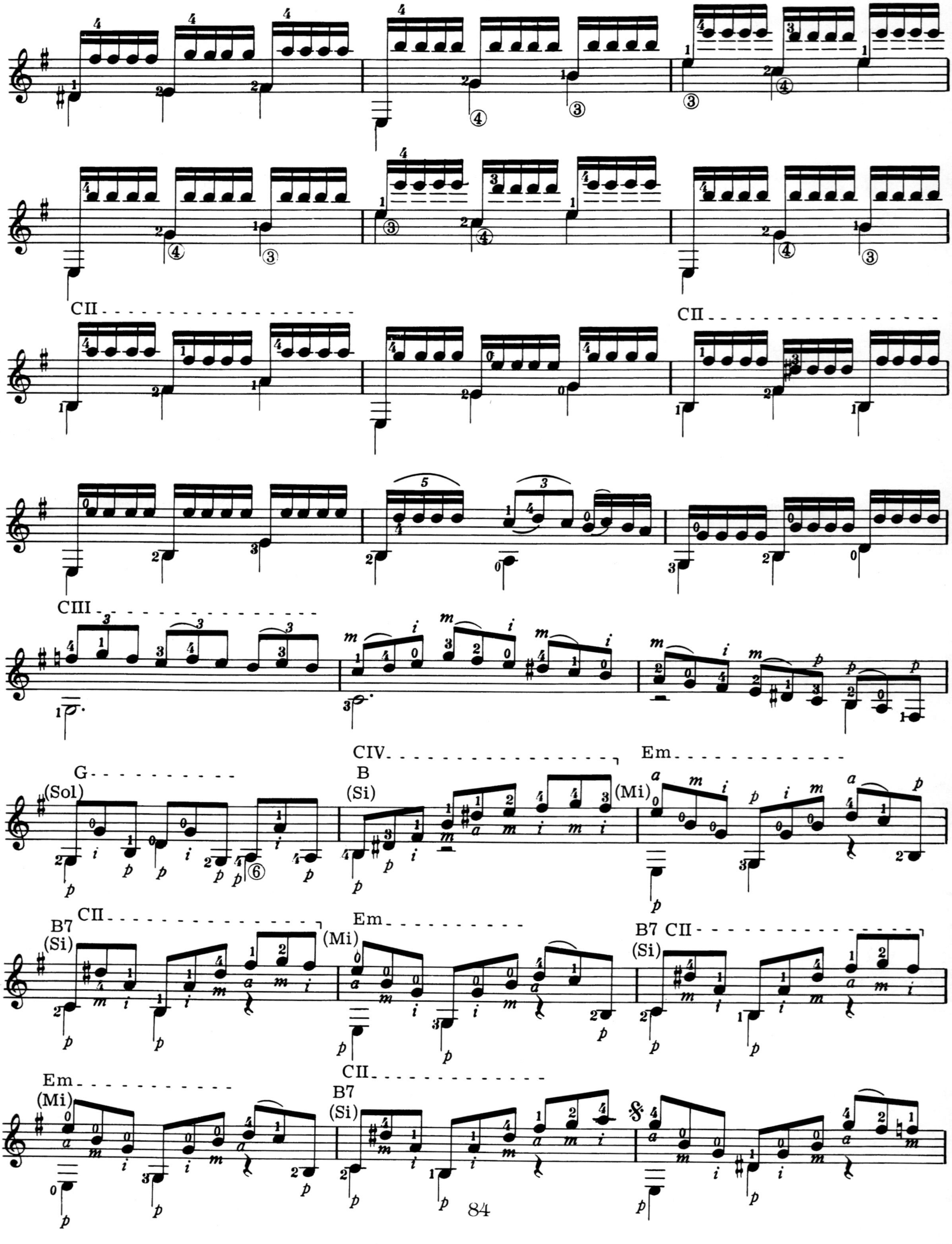

CII
CII
CIII
G
(Sol)
CIV
B
(Si)
Em
(Mi)
B7
(Si)
CII
Em
(Mi)
B7 CII
(Si)
Em
(Mi)
CII
B7
(Si)

LIDIA (CONT.)

B7
(Si)
CII
B7
(Si)
Em
(Mi)
CII
B7
(Si)
Em
(Mi)
CVII
Em
(Mi)
Adim CV
(La)
CIII
G
(Sol)
CIII
C
(Do)
CV
CVII
B
(Si)
CII
Em
(Mi)
CII
B7
(Si)
Em
(Mi)
CII
B7
(Si)

LI DIA (CONT.)

LIDIA (CONT.)

CIII
G7
(Sol)
C CIII
(Do)
CIV
B
(Si)
Fm
(Mi)
CII
B7
(Si)
Em
(Mi)
CII
B7
(Si)
D.S. 𝄋 Coda
Coda
CIII
G7
(Sol)
gliss.
CVII
B
(Si)
Em
(Mi)
B7
(Si)
Em
Mi

LIDIA

(Alegrias)

Juan Serrano

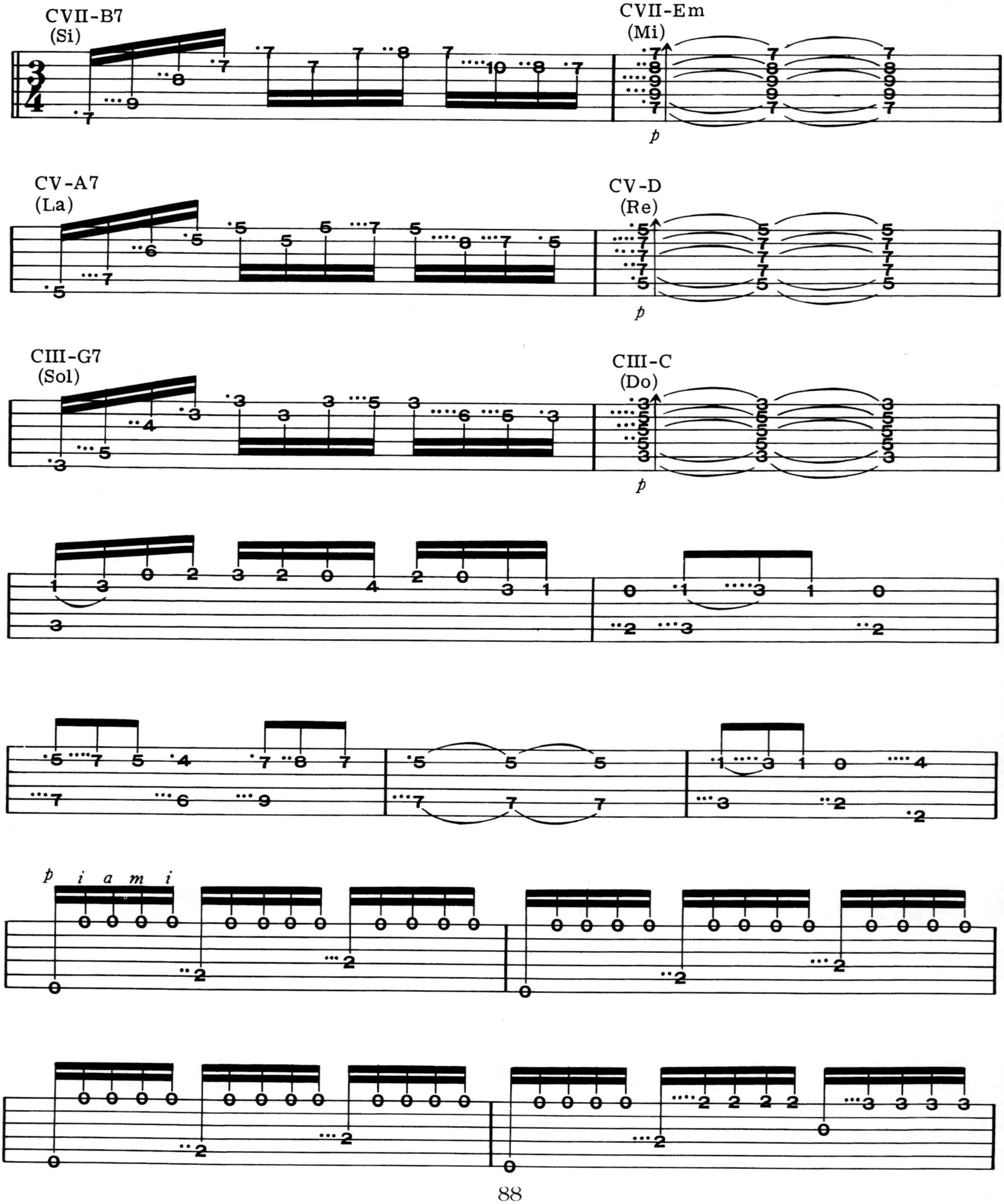

LIDIA (CONT.)

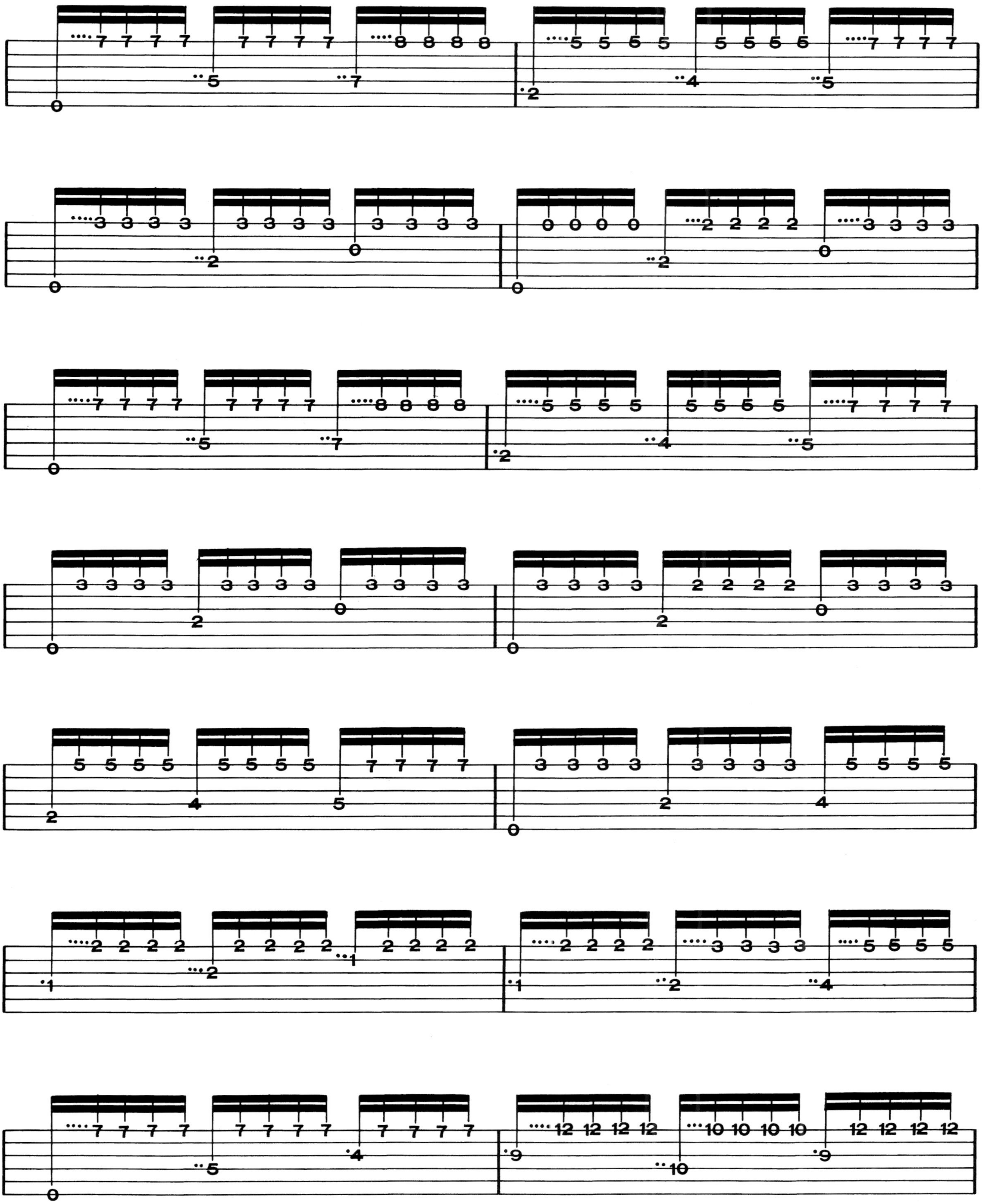

LIDIA (CONT.)

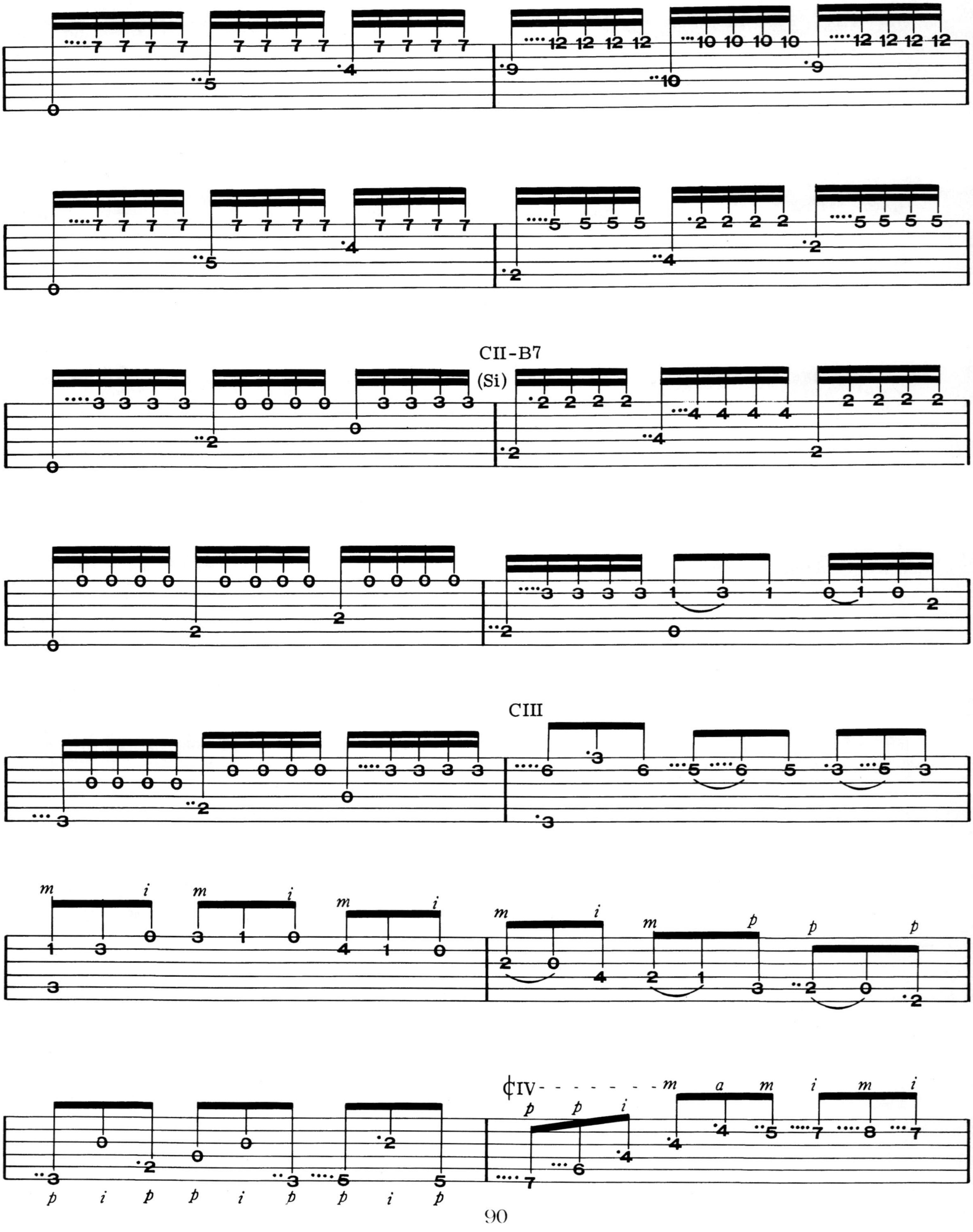

LIDIA (CONT.)

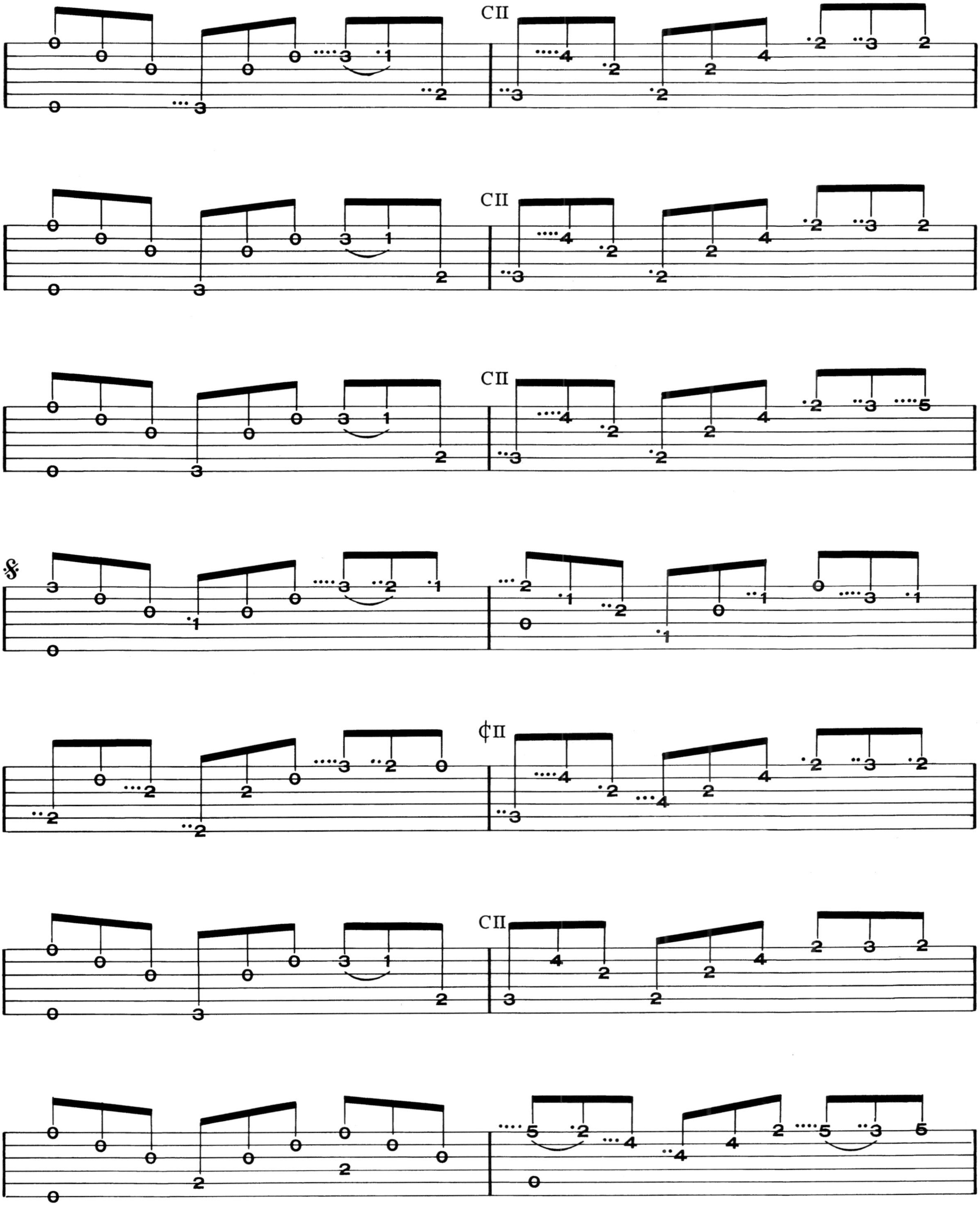

LIDIA (CONT.)

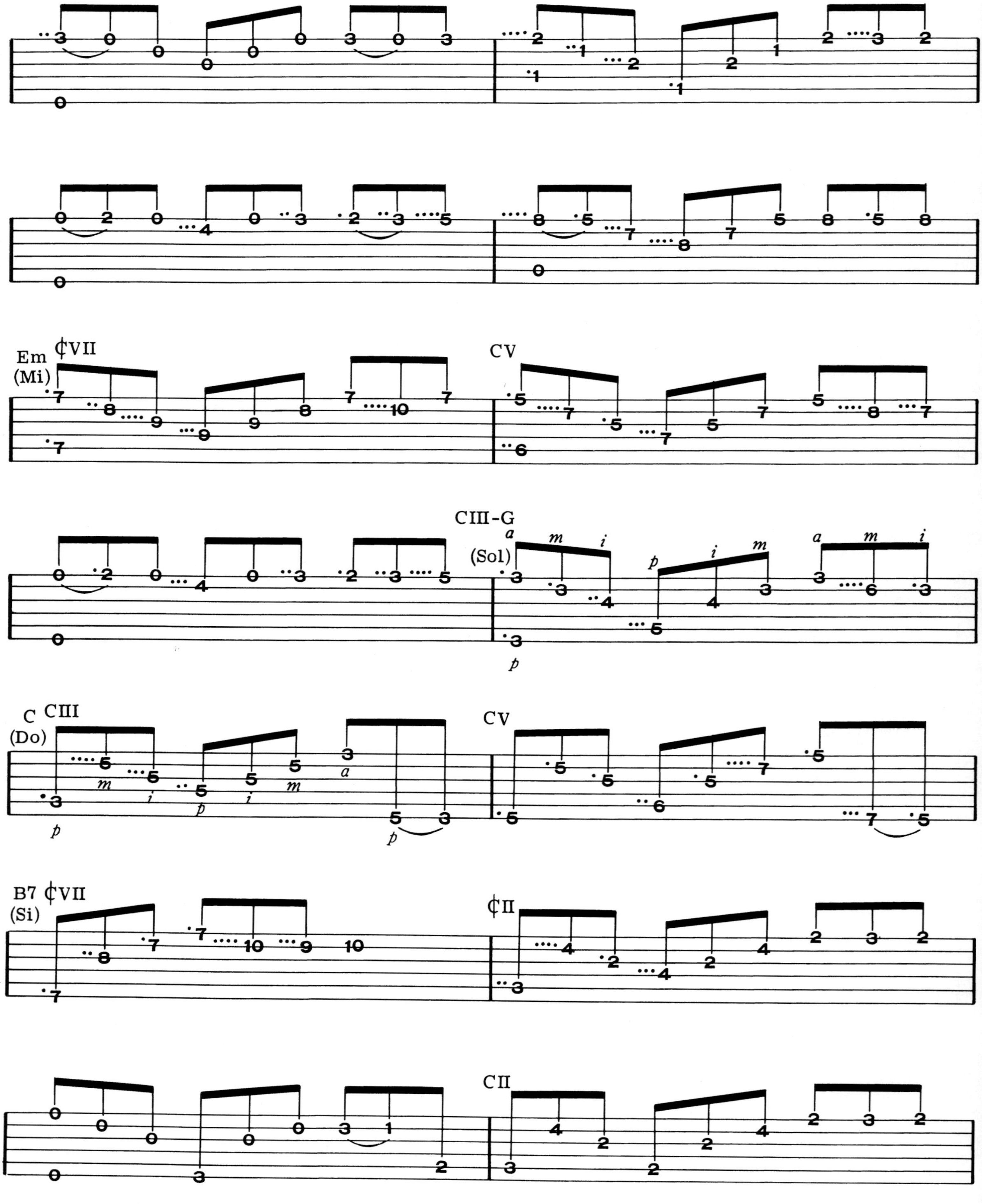

LIDIA (CONT.)

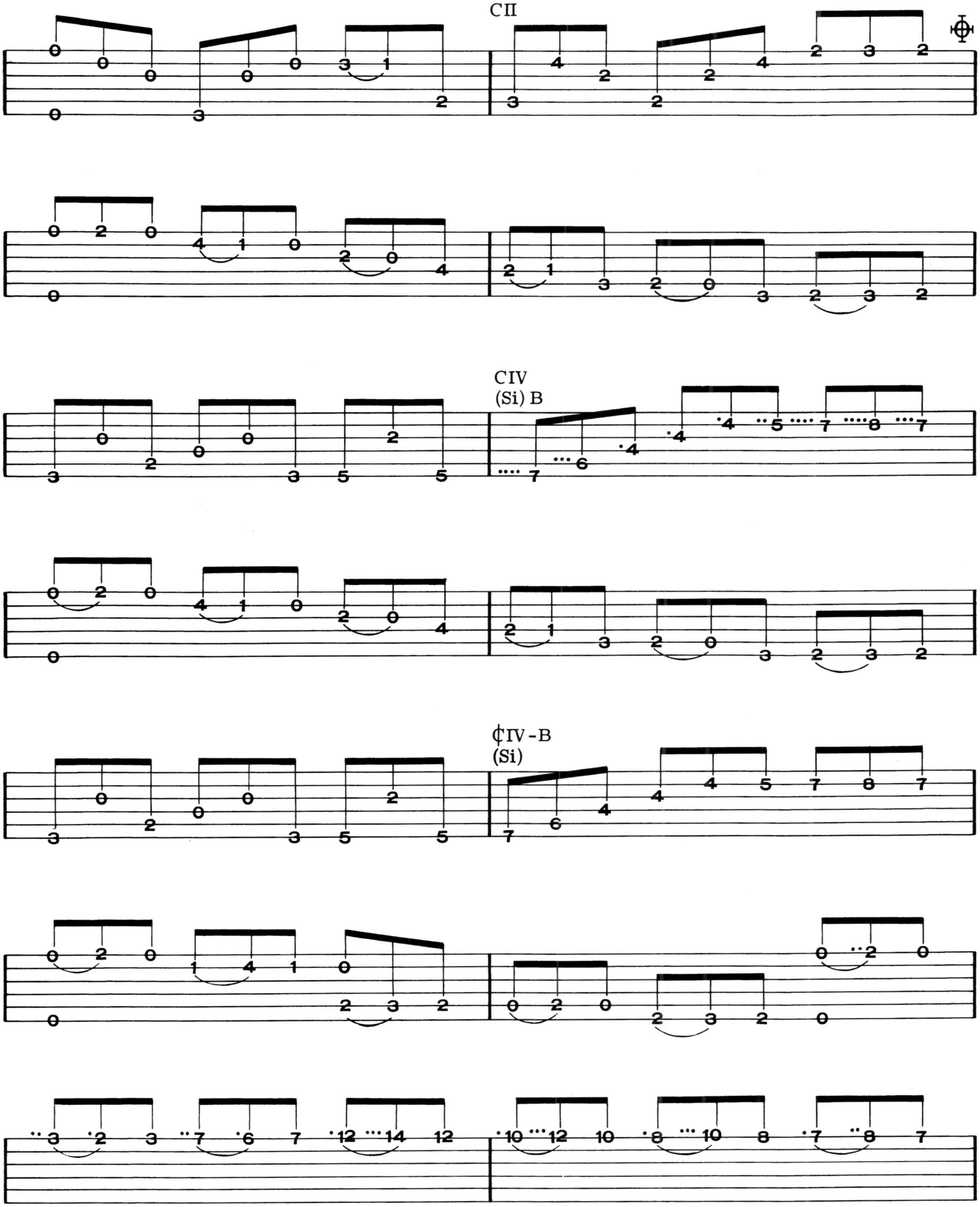

LIDIA (CONT.)

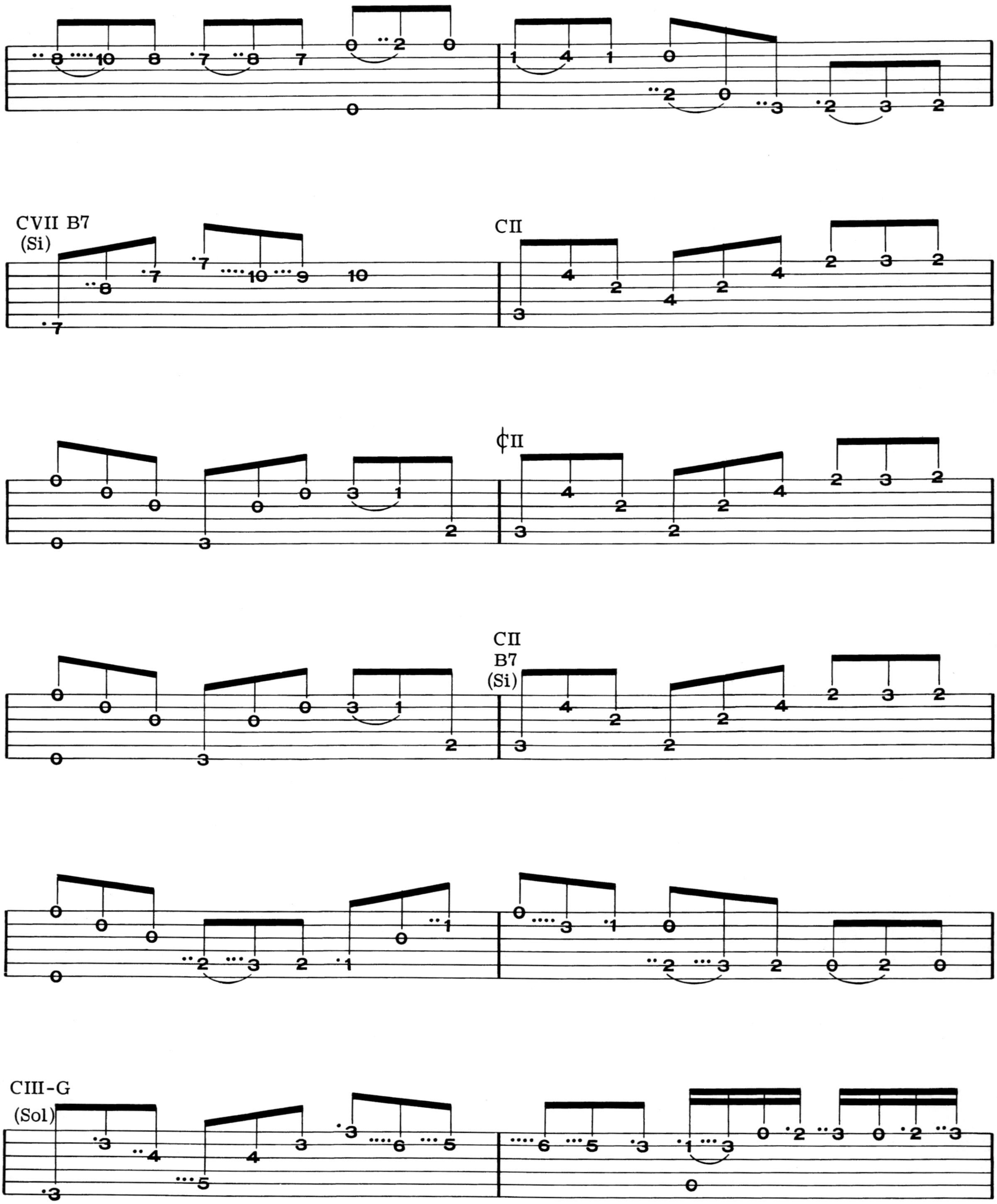

LIDIA (CONT.)

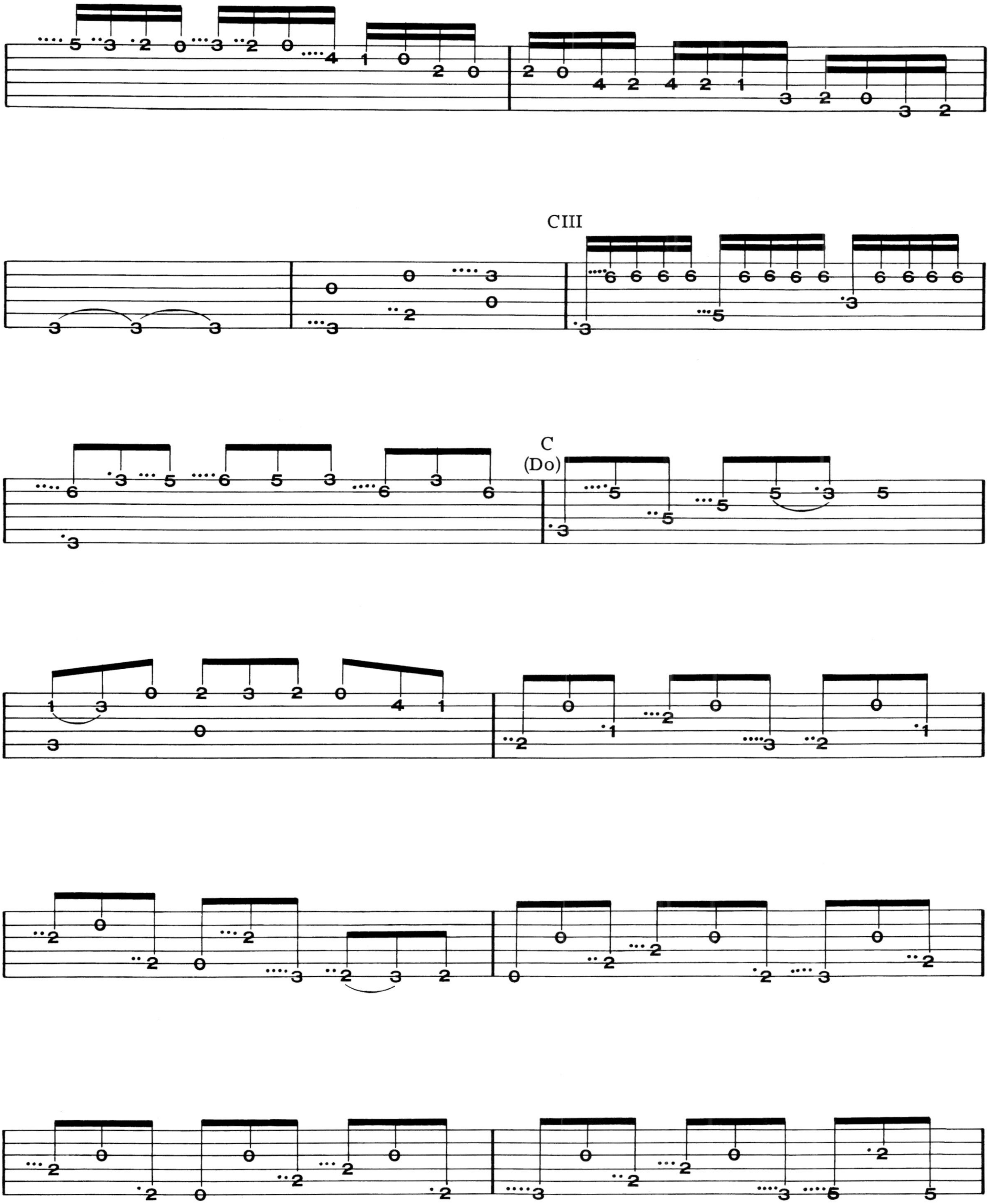

LIDIA (CONT.)

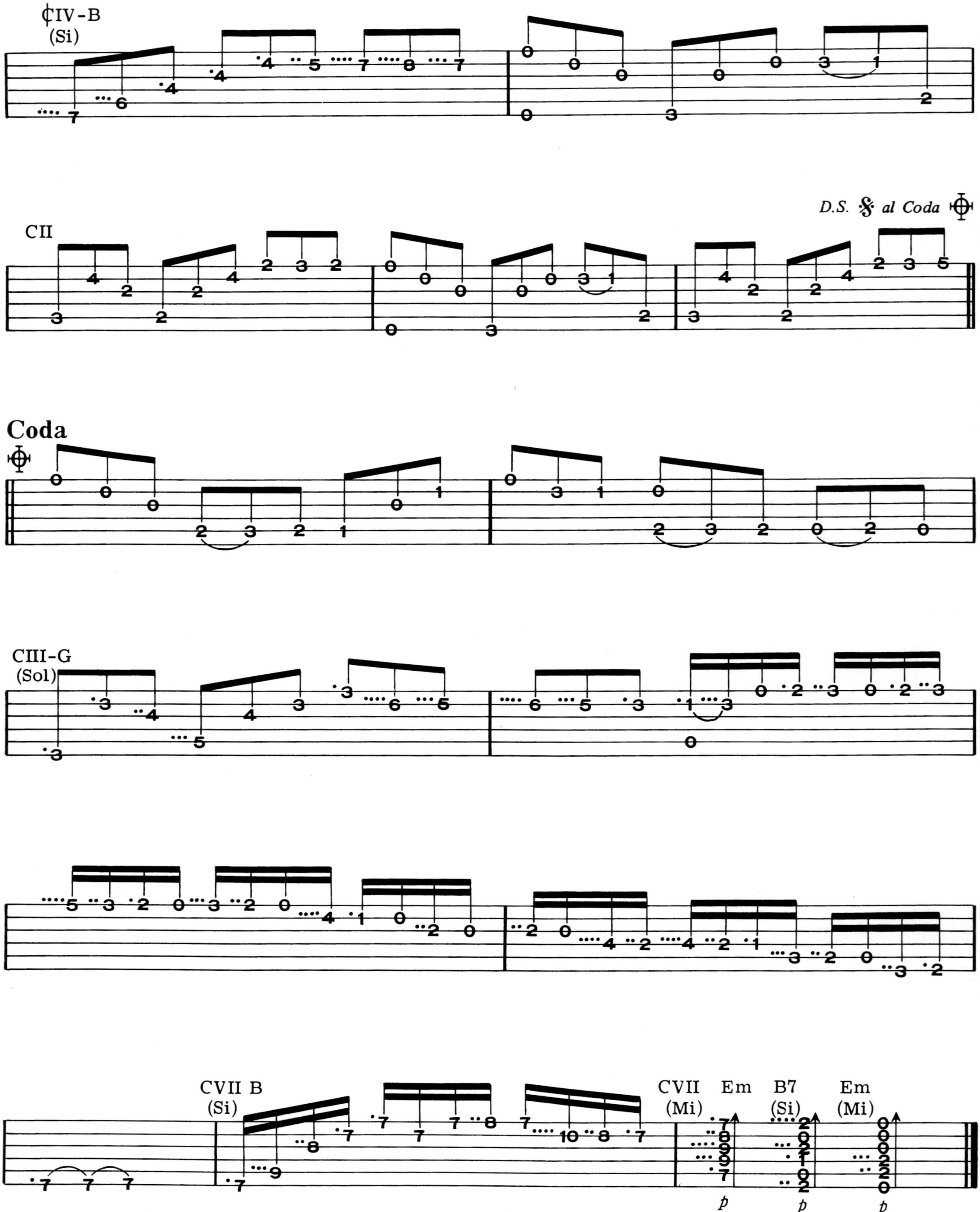

¢IV-B
(Si)
CII
D.S. 𝄋 al Coda
Coda
CIII-G
(Sol)
CVII B
(Si)
CVII
(Mi)
Em
B7
(Si)
Em
(Mi)

سِجِيرِيَاسْ

SEGUIRIYAS

The "seguiriyas" with the "tonas," the "tangos," and the "soleares" form the group of the basic style of flamenco.

The name "seguiriyas" is a phonetic corruption of the Spanish or Castilian word "seguidillas" or "coplas de seguida" (meaning couplets that follow).

SEGUIRIYAS

Las Seguiriyas con las tonas, los tangos y las soleares forman el grupo de los estilos básicos del flamenco.

El nombre de seguiriyas es una corrupción fonética del vocablo Castellano seguidillas o coplas de seguida.

The "seguiriyas" are closely related to the primitive oriental chants. The principle ones are the chants of the Synagogue of the Jews and the Arabic songs.

The spiritual world of the "seguiriyas" is very tragic and of deep feeling. The meter of this form is 3/4 and 6/8. It is the deepest style of flamenco, from which all the other styles receive the greatest influence. The "seguiriyas" are sung, danced and played as guitar solos.

To sing them or to dance them, it is necessary to feel them and to put a lot of emotion into their interpretation. To play them it is necessary to possess a good technique, a great rhythmic feeling, and a good knowledge of their spiritual world.

Las Seguiriyas tienen mucha relación musical con los primitivos cantes orientales. Los principales son los cantes sinagogales de los Judíos y las canciones de los Arabes.

El mundo espiritual de las Seguiriyas es muy trágico y de mucho sentimiento. Su medida rítmica es de 3/4 y 6/8, y se puede asegurar que es el estilo más profundo de todo el flamenco y del que más influencia reciben todos los demás. Las Seguiriyas se cantan, se bailan y se tocan como solo de guitarra.

Para cantarlas o bailarlas, hace falta sentirlas y poner mucha emoción en su interpretación. Para tocarlas se necesita buena técnica, un gran sentido rítmico y un buen conocimiento de su mundo espiritual.

MAJESTUOSAS

(Siguiriyas)

Juan Serrano

MAJESTUOSAS (CONT.)

MAJESTUOSAS (CONT.)

MAJESTUOSAS (CONT.)

MAJESTUOSAS (CONT.)

MAJESTUOSAS

(Siguiriyas)

Juan Serrano

MAJESTUOSAS (CONT.)

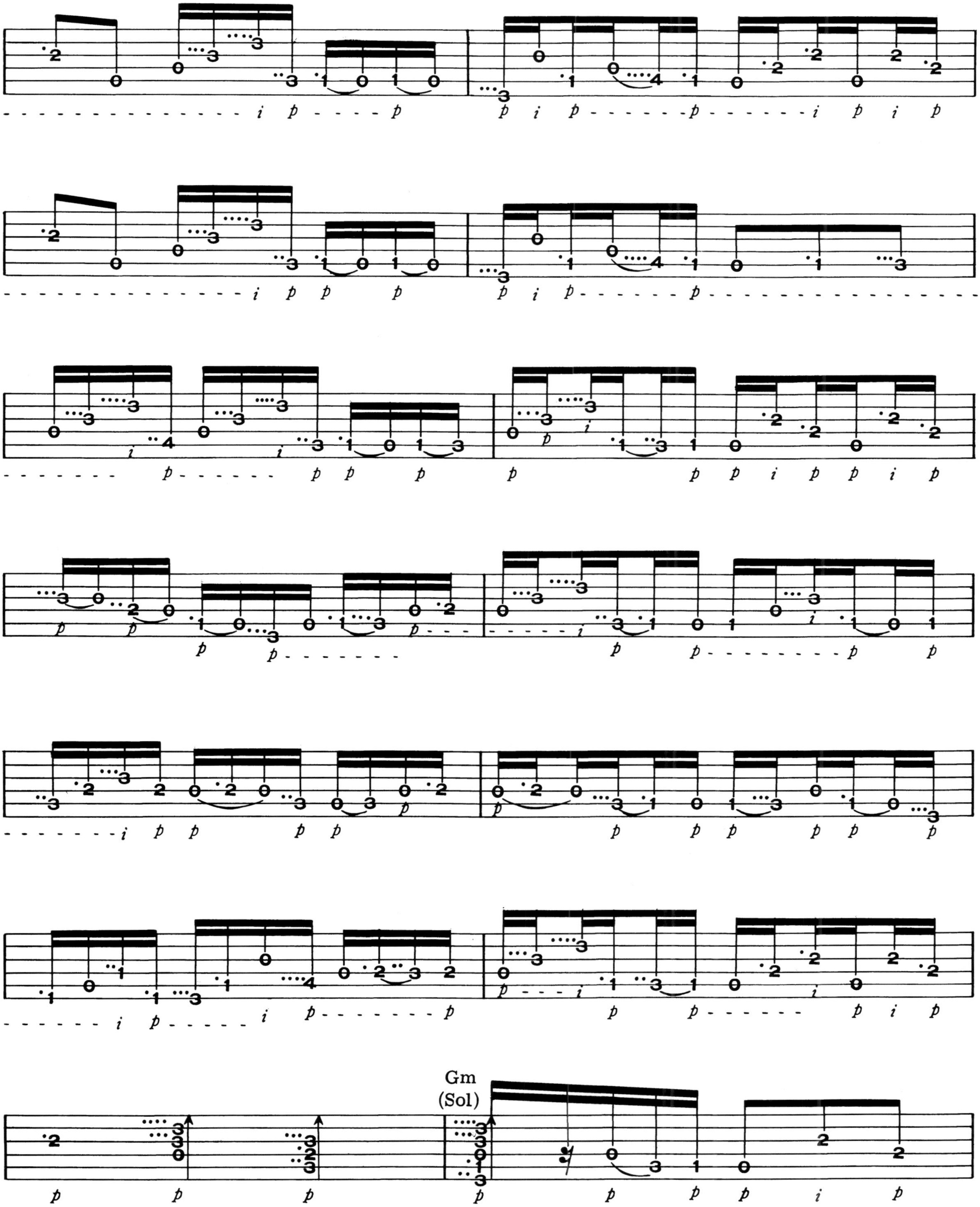

MAJESTUOSAS (CONT.)

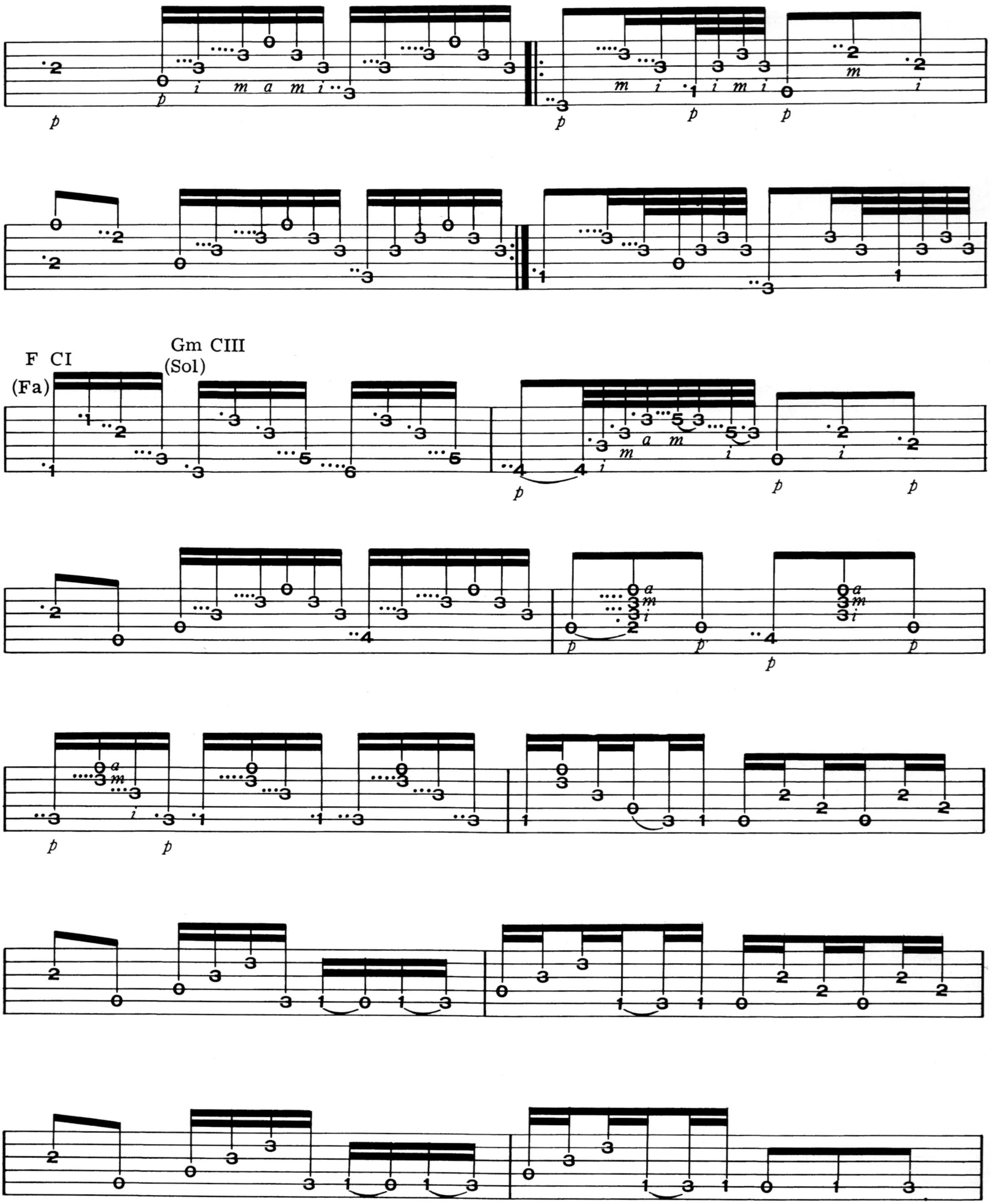

MAJESTUOSAS (CONT.)

MAJESTUOSAS (CONT.)

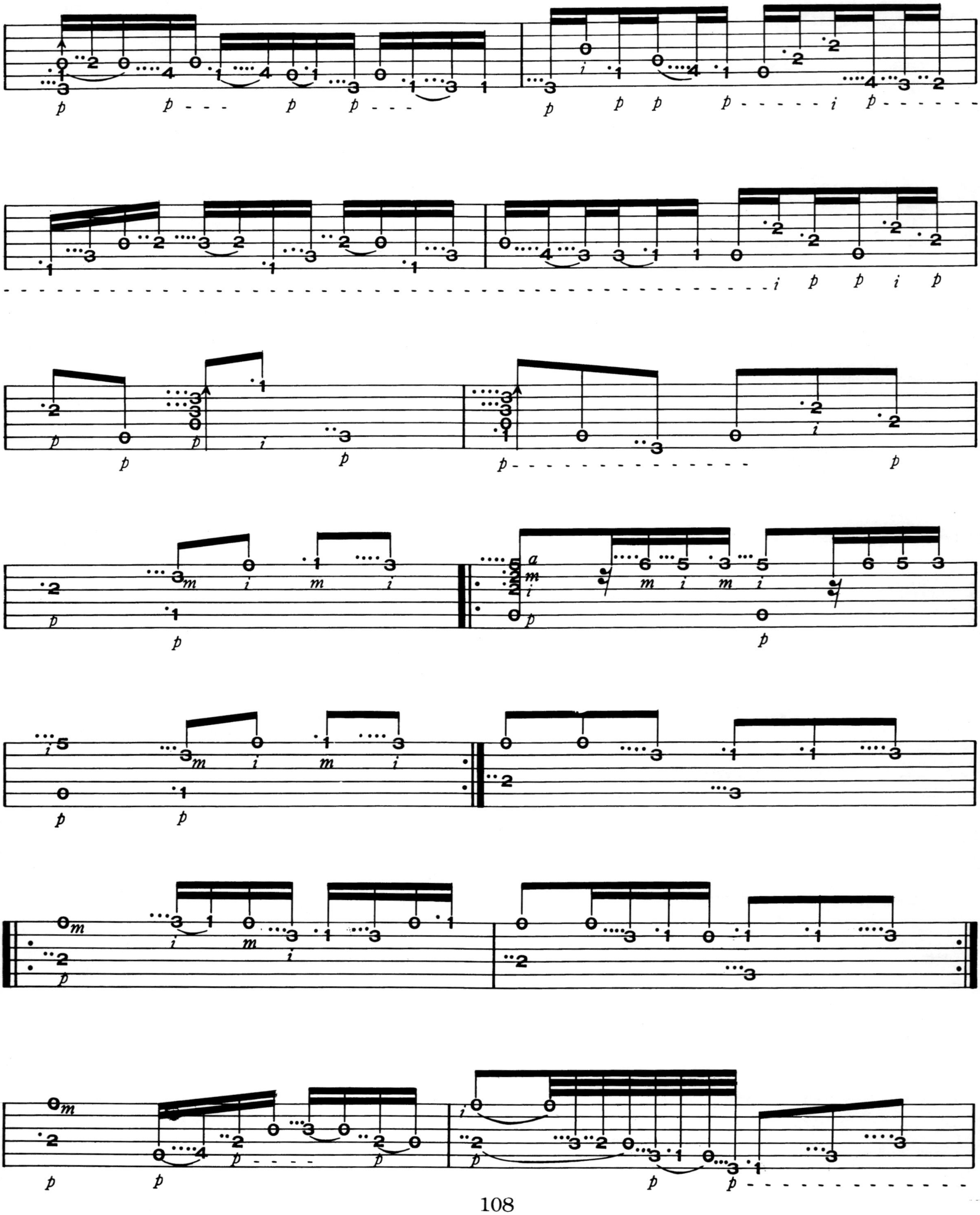

MAJESTUOSAS (CONT.)

MAJESTUOSAS (CONT.)

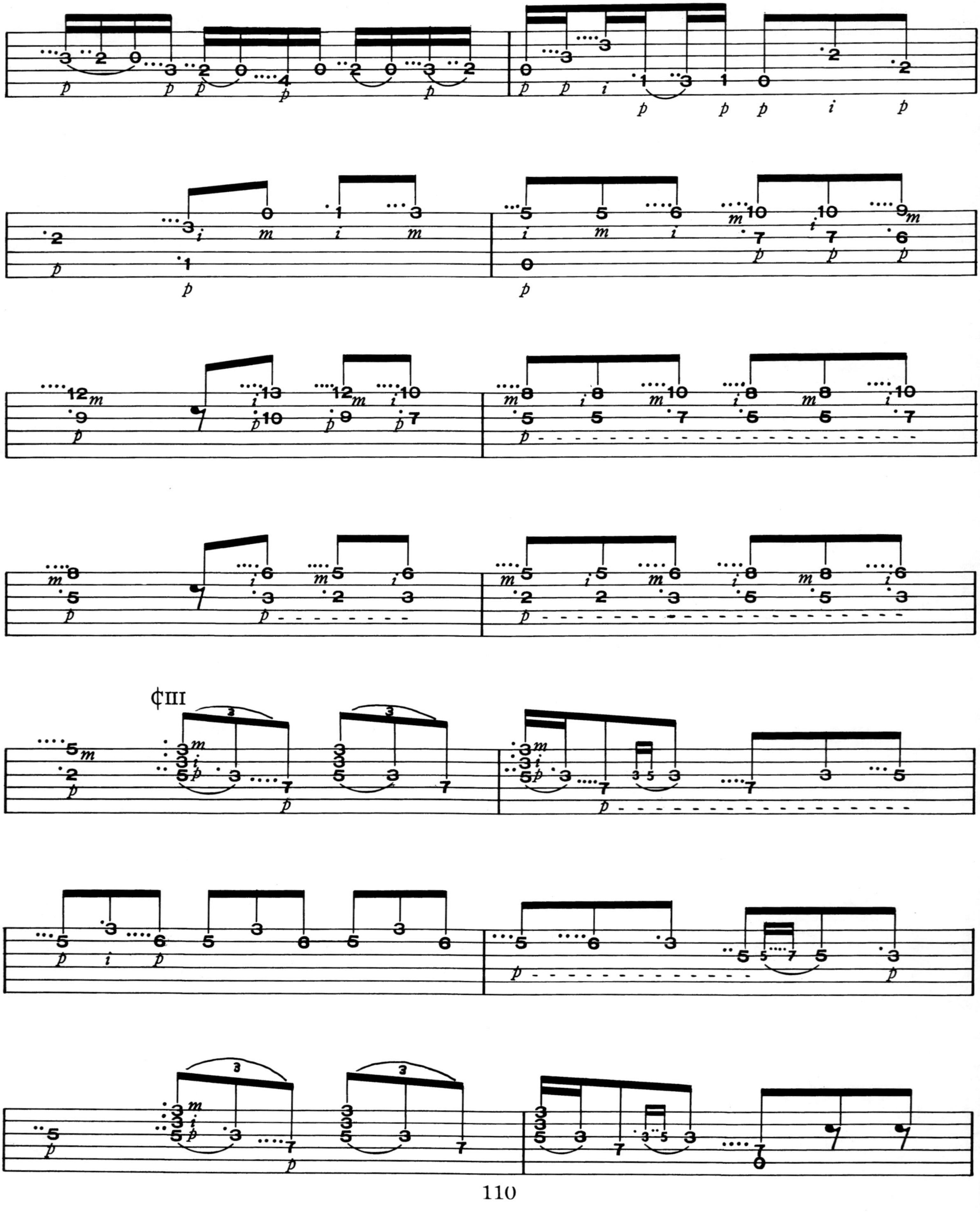

MAJESTUOSAS (CONT.)

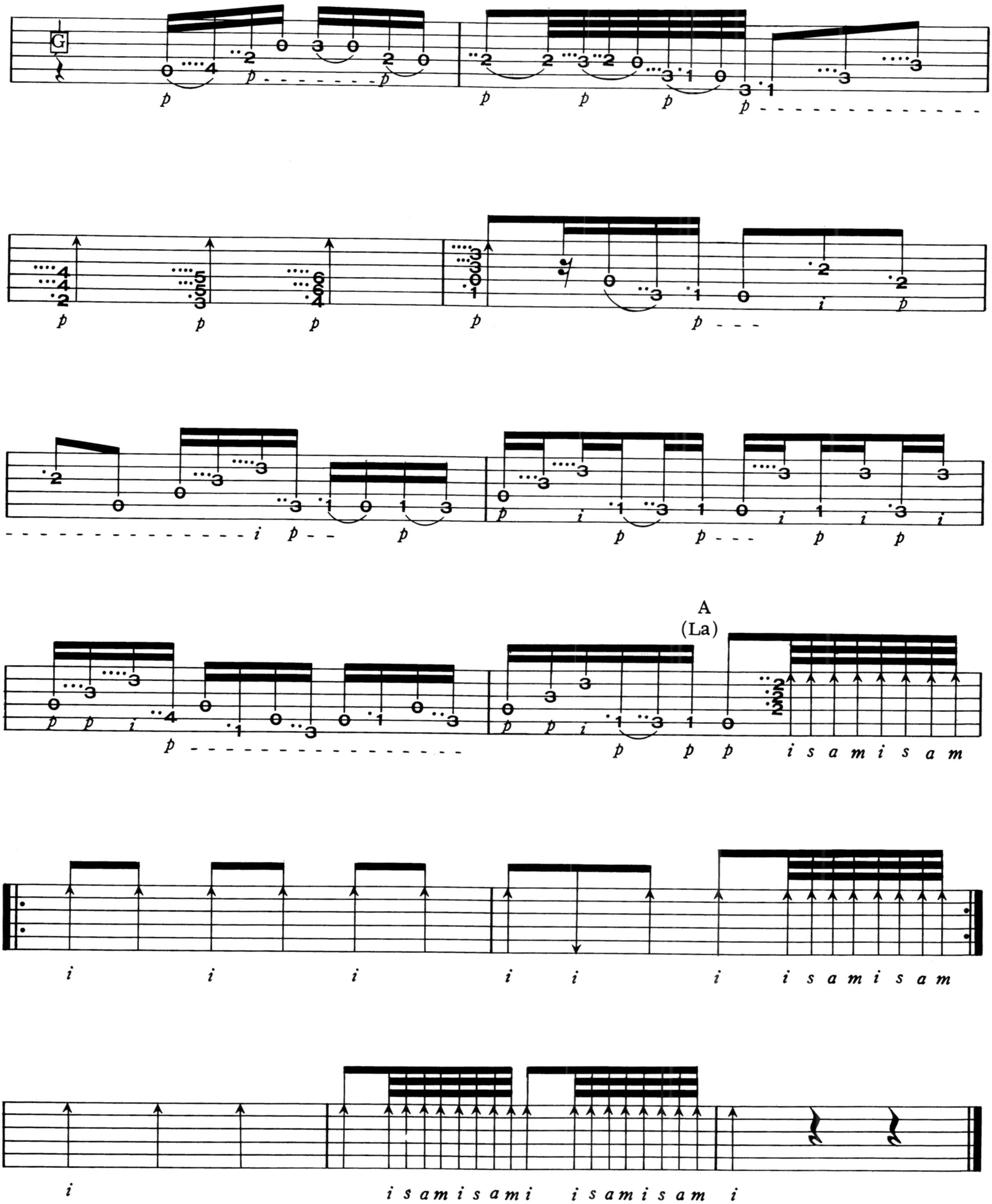

سَپَتِئادُو

ZAPATEADO

The "zapateado" is based rhythmically on the "tanguillos" of Cadiz. In the old days it was danced by men. Today, women dance it also. Its accompaniment is very difficult because without losing the rhythmic line one must syncronize the melody exactly with the sounds that are produced by the dancers.

Many have been the classical composers that have relied upon the "zapateado flamenco" and have achieved works of renown. For example, the "zapateado" of the distinguished Spanish violinist Sarasate was one of his master works.

The "zapateado" of the *Suite Flamenca* of the great classical guitarist Regino Sainz de la Maza is more living proof of the influence that flamenco has had upon many Spanish composers.

Today, almost all of the flamenco solo guitarists include a "zapateado" in their repertoire. The title of the "zapateado" that follows is "Muñequita." It is dedicated to my wife Kathy.

ZAPATEADO

El Zapateado está basado ritmicamente en los tanguillos de Cádiz. Antiguamente solo lo bailaban los hombres. Hoy día, tambien lo bailan las mjueres. Su acompañamiento es muy difícil porque sin perder la línea rítmica hay que sincronizar la melodía exactamente con los sonidos que estén produciendo los interpretes.

Han sido muchos los compositores clásicos que se han basado en el Zapateado Flamenco y han logrado obras de renombre. Por ejemplo, el Zapateado del eminente violinista español Sarasate fué una de sus obras maestras.

El Zapateado de la *Suite Flamenca* del gran guitarrista clásico español, Regino Sainz de la Maza es otra prueba viviente de la influencia que da el flamenco a muchos de los grandes compositores.

Hoy día, casi todos los guitarristas flamencos solistas incluyen un Zapateado en su repertorio. El Zapateado que sigue a continuación lleva por título Muñequita, y está dedicado a mi esposa Kathy.

MUÑEQUITA

(Zapateado)

Juan Serrano

MUÑEQUITA (CONT.)

MUÑEQUITA (CONT.)

MUÑEQUITA (CONT.)

MUÑEQUITA (CONT.)

MUÑEQUITA (CONT.)

MUÑEQUITA (CONT.)

MUÑEQUITA

(Zapateado)

Juan Serrano

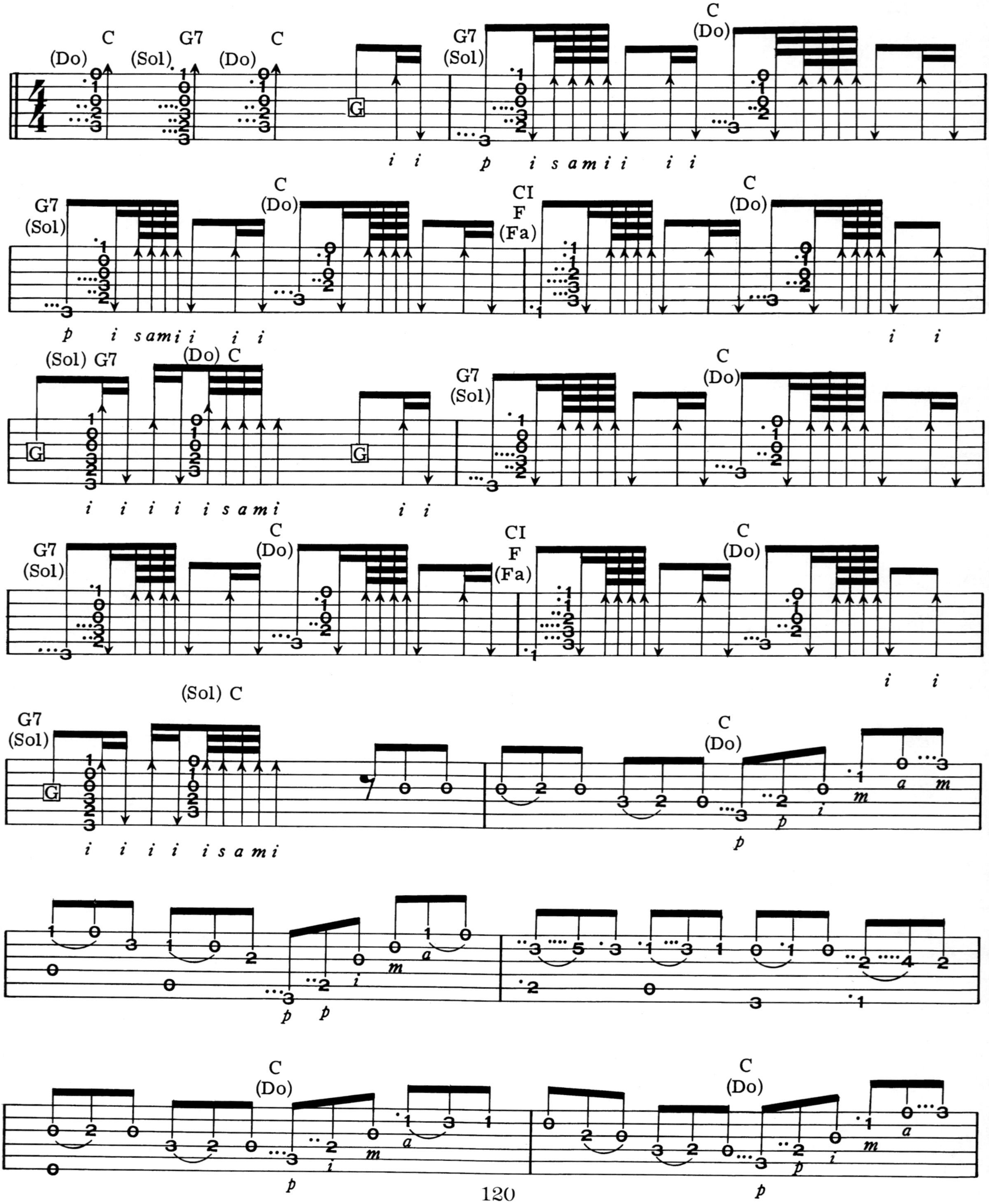

MUÑEQUITA (CONT.)

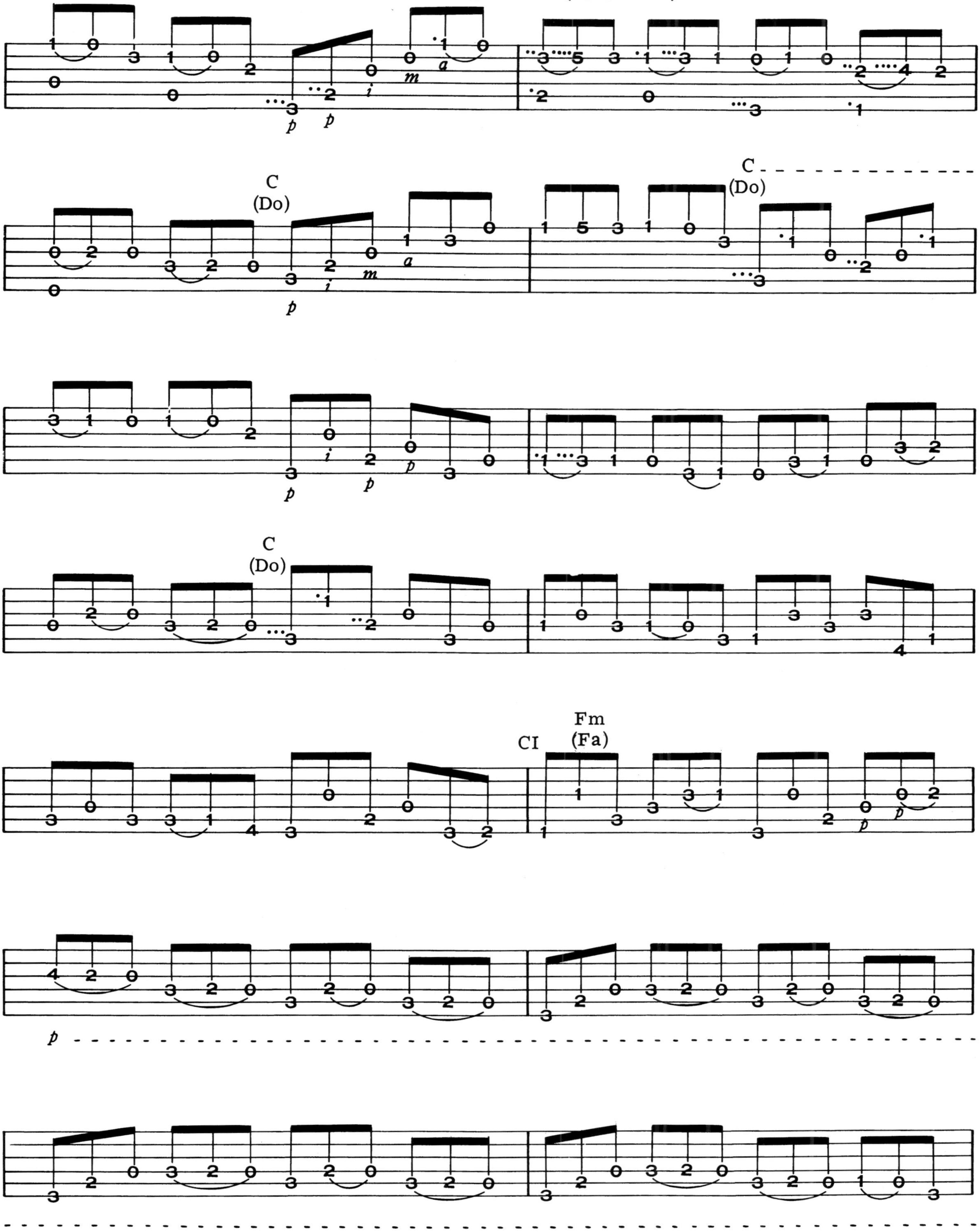

MUÑEQUITA (CONT.)

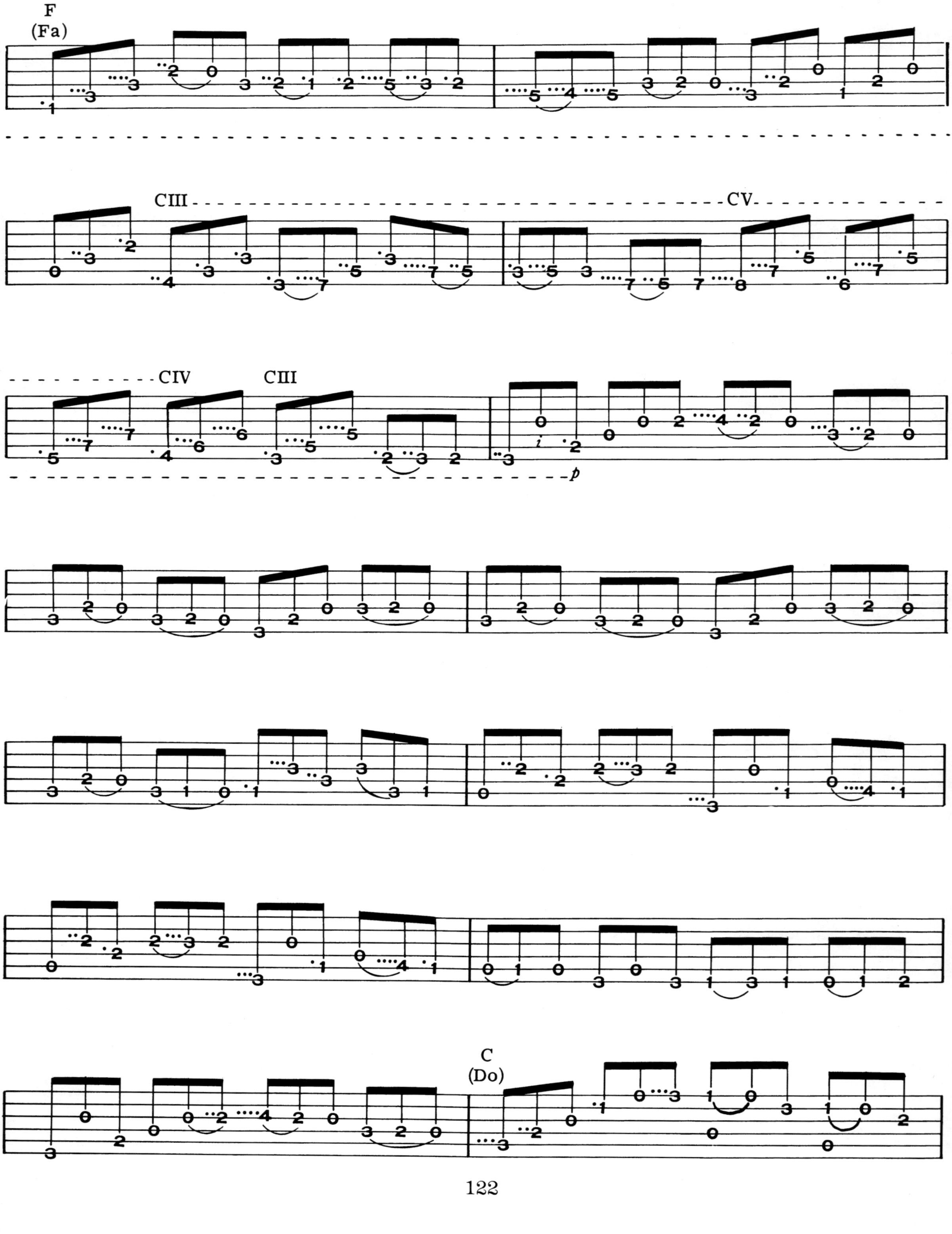

MUÑEQUITA (CONT.)

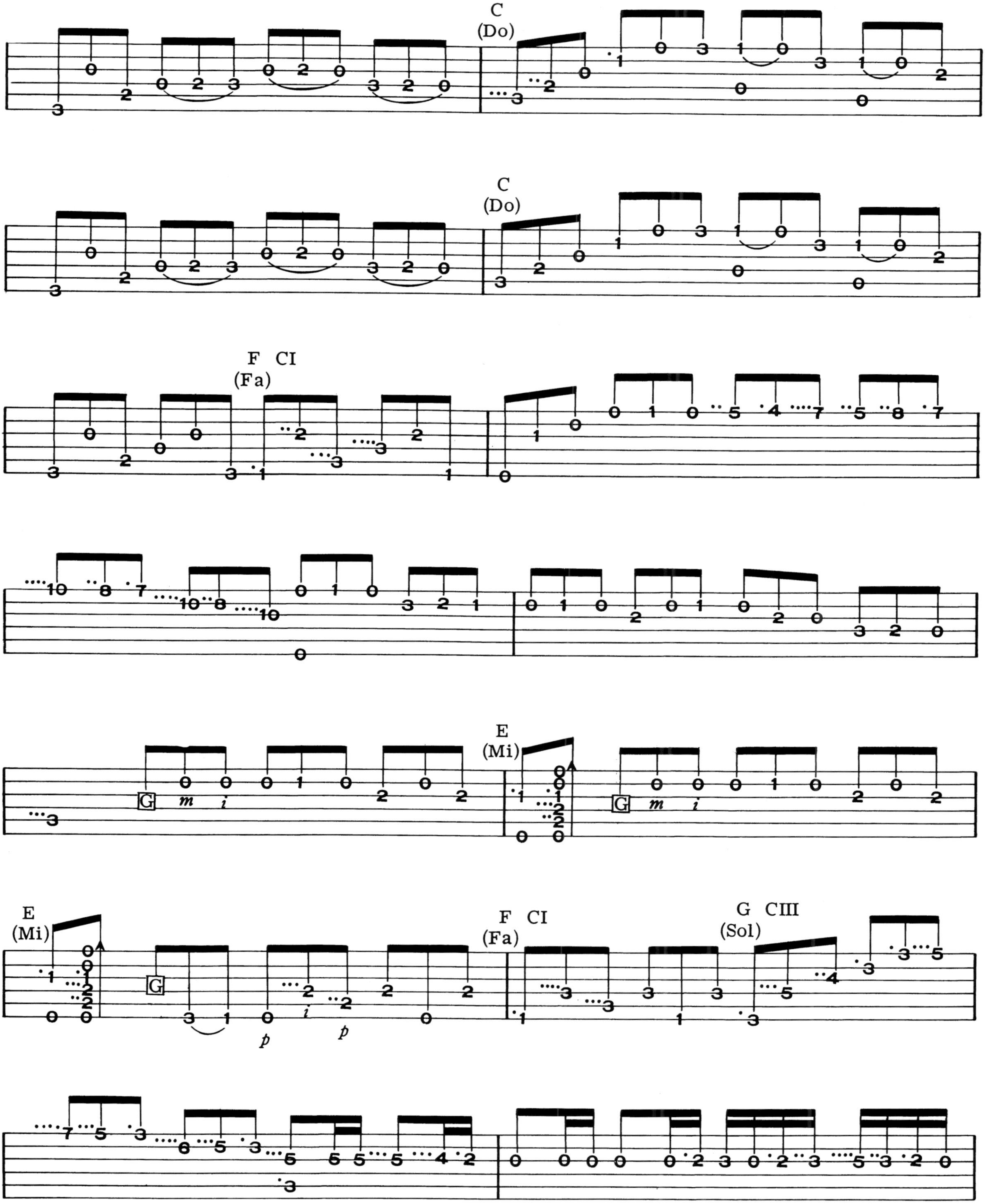

MUÑEQUITA (CONT.)

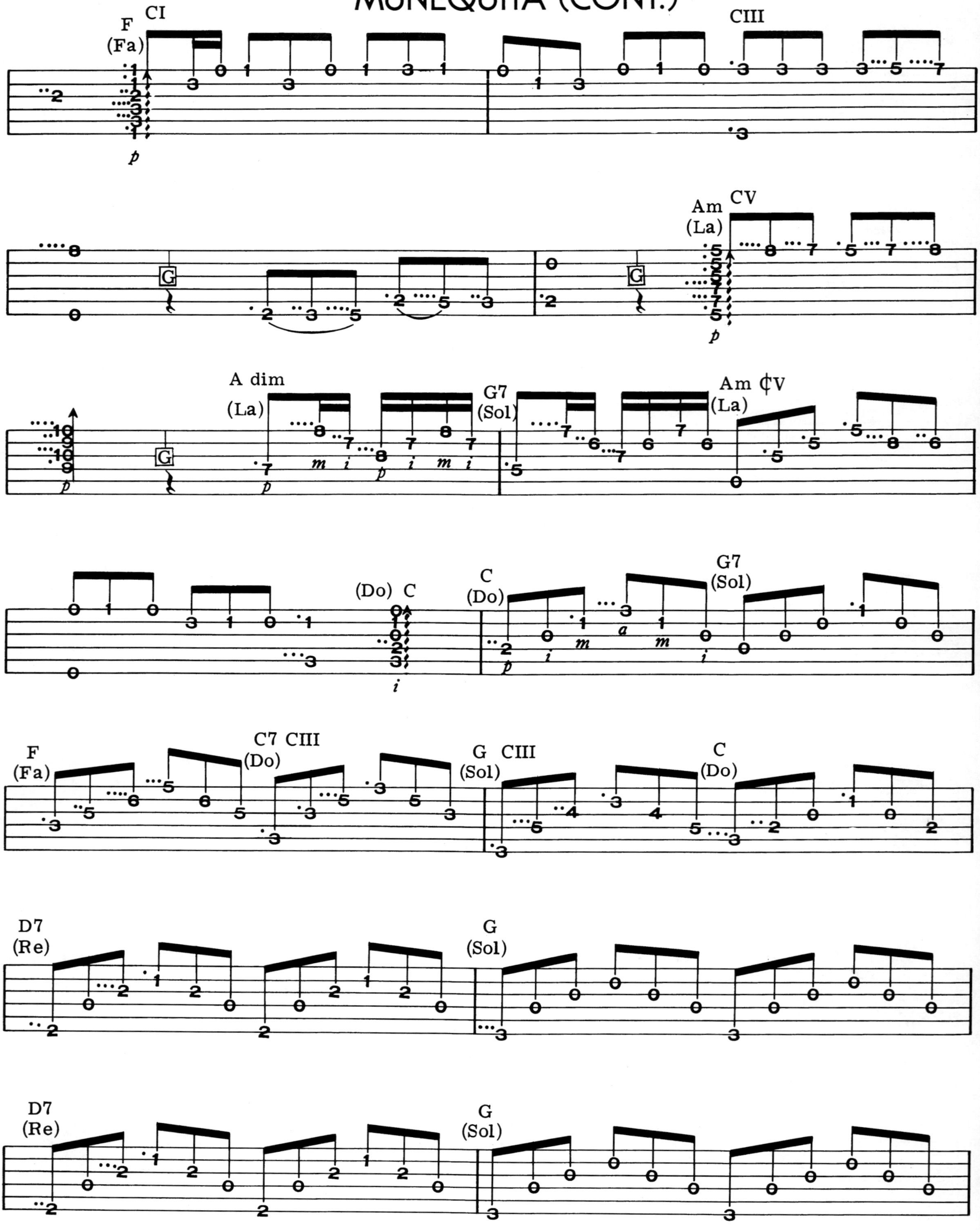

MUÑEQUITA (CONT.)

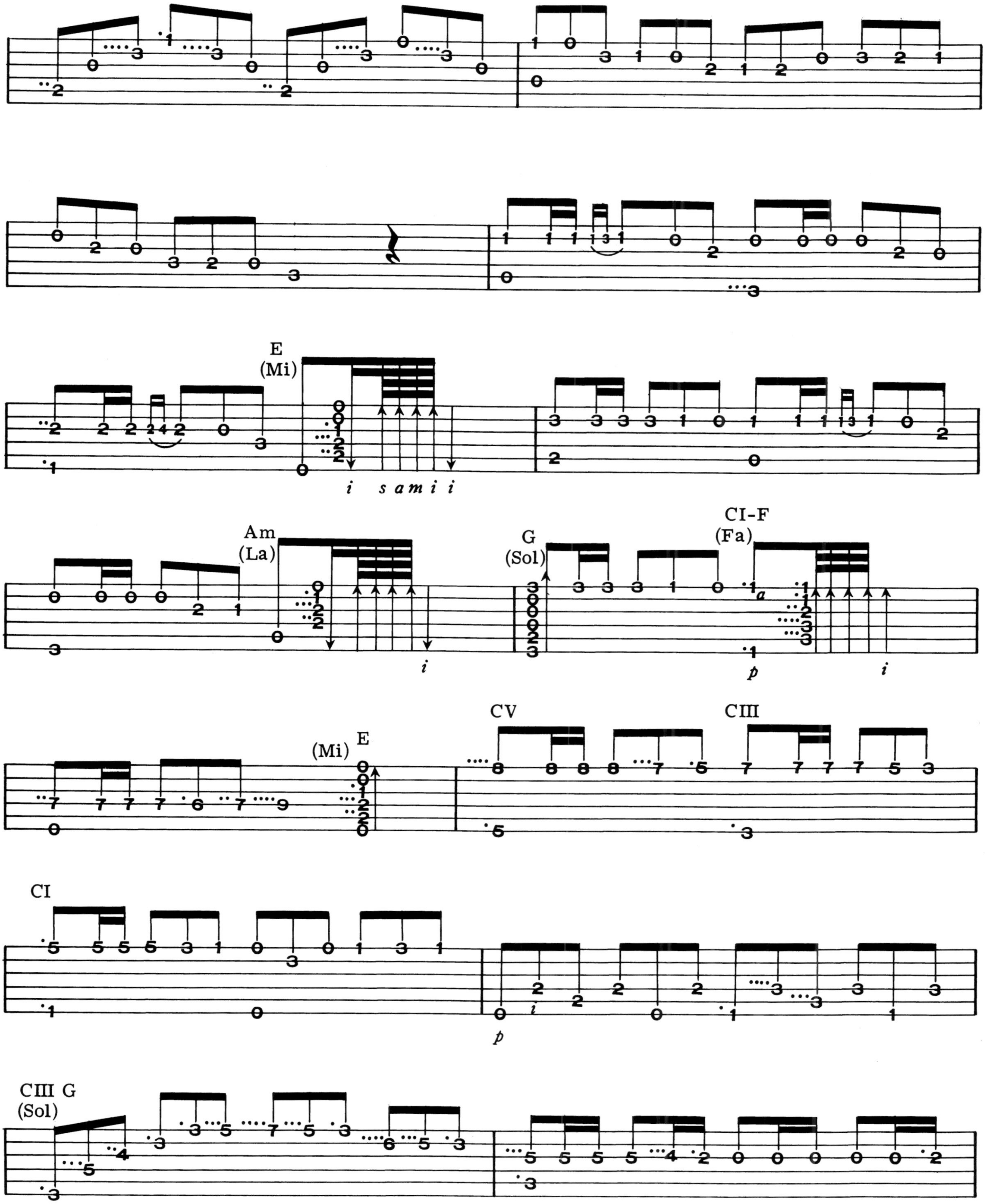

MUÑEQUITA (CONT.)

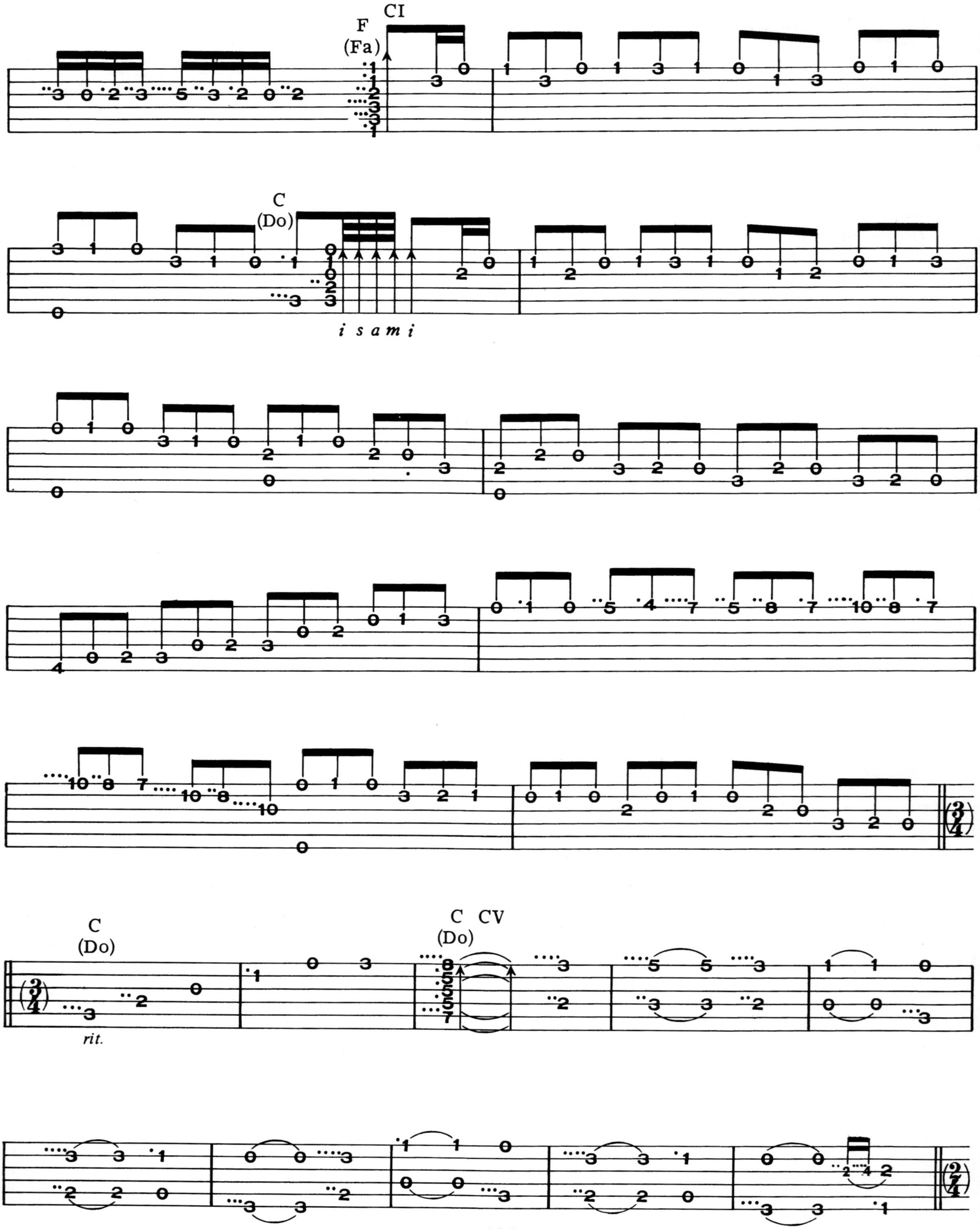

MUÑEQUITA (CONT.)

MUÑEQUITA (CONT.)

MUÑEQUITA (CONT.)

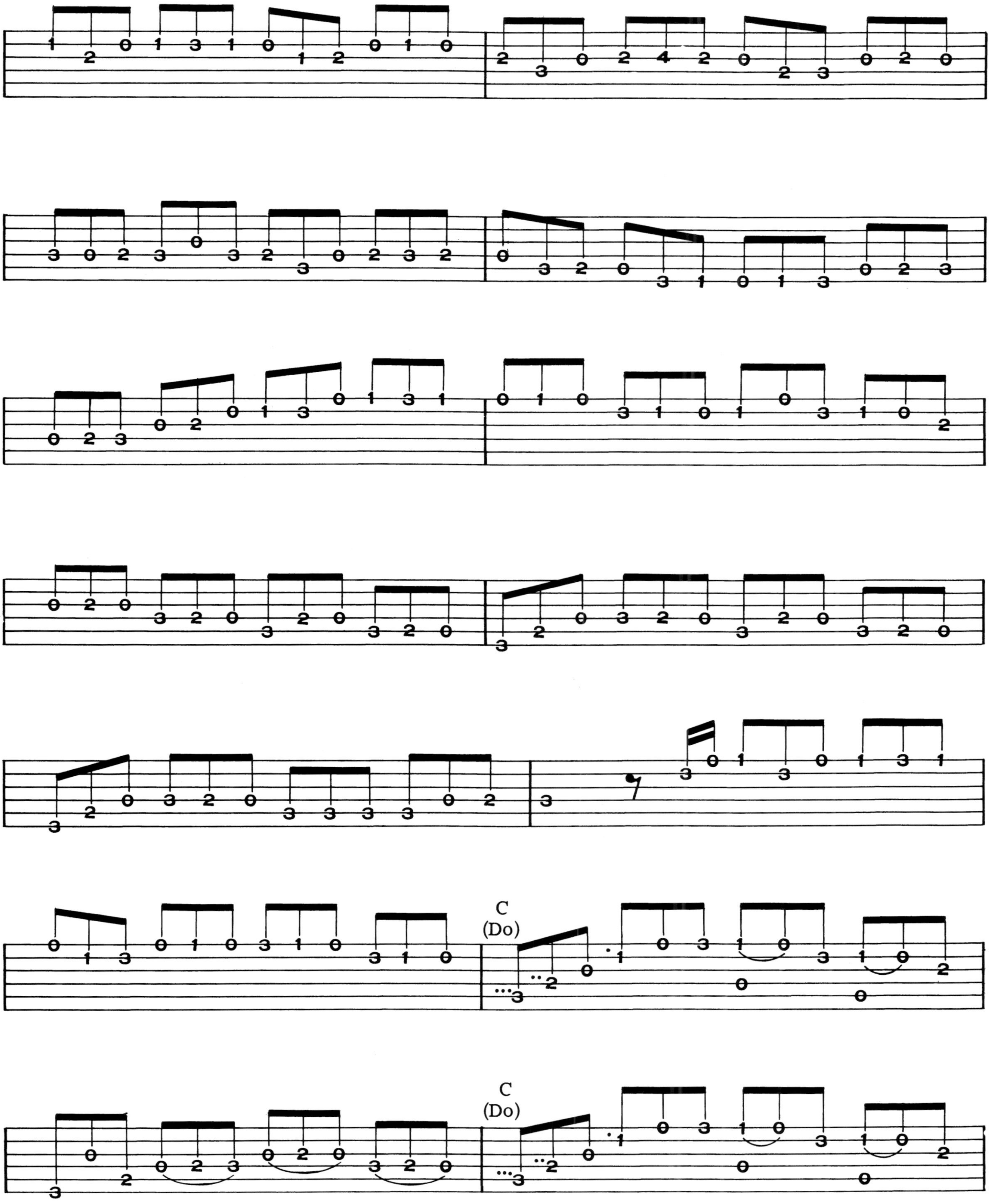

MUÑEQUITA (CONT.)

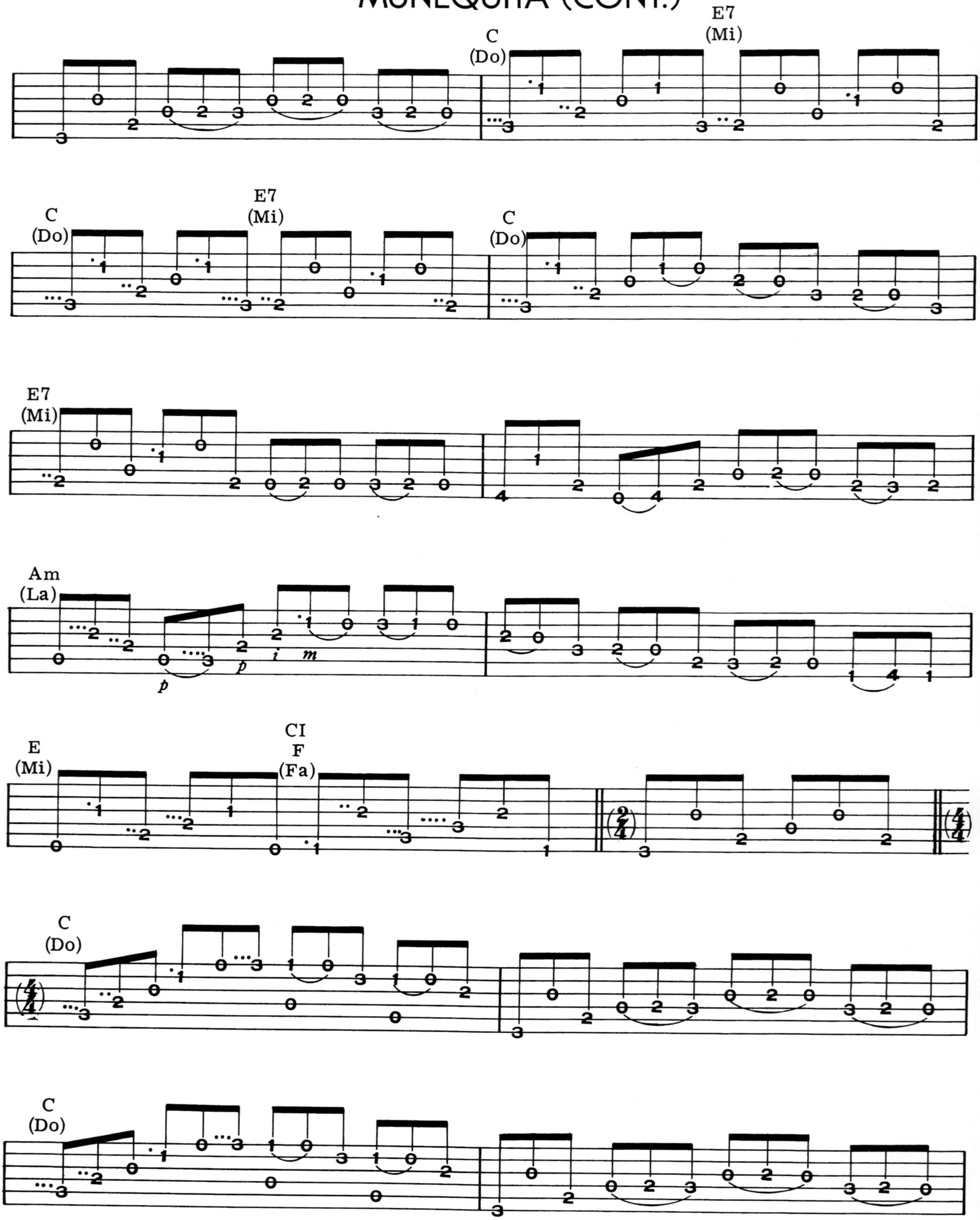

MUÑEQUITA (CONT.)

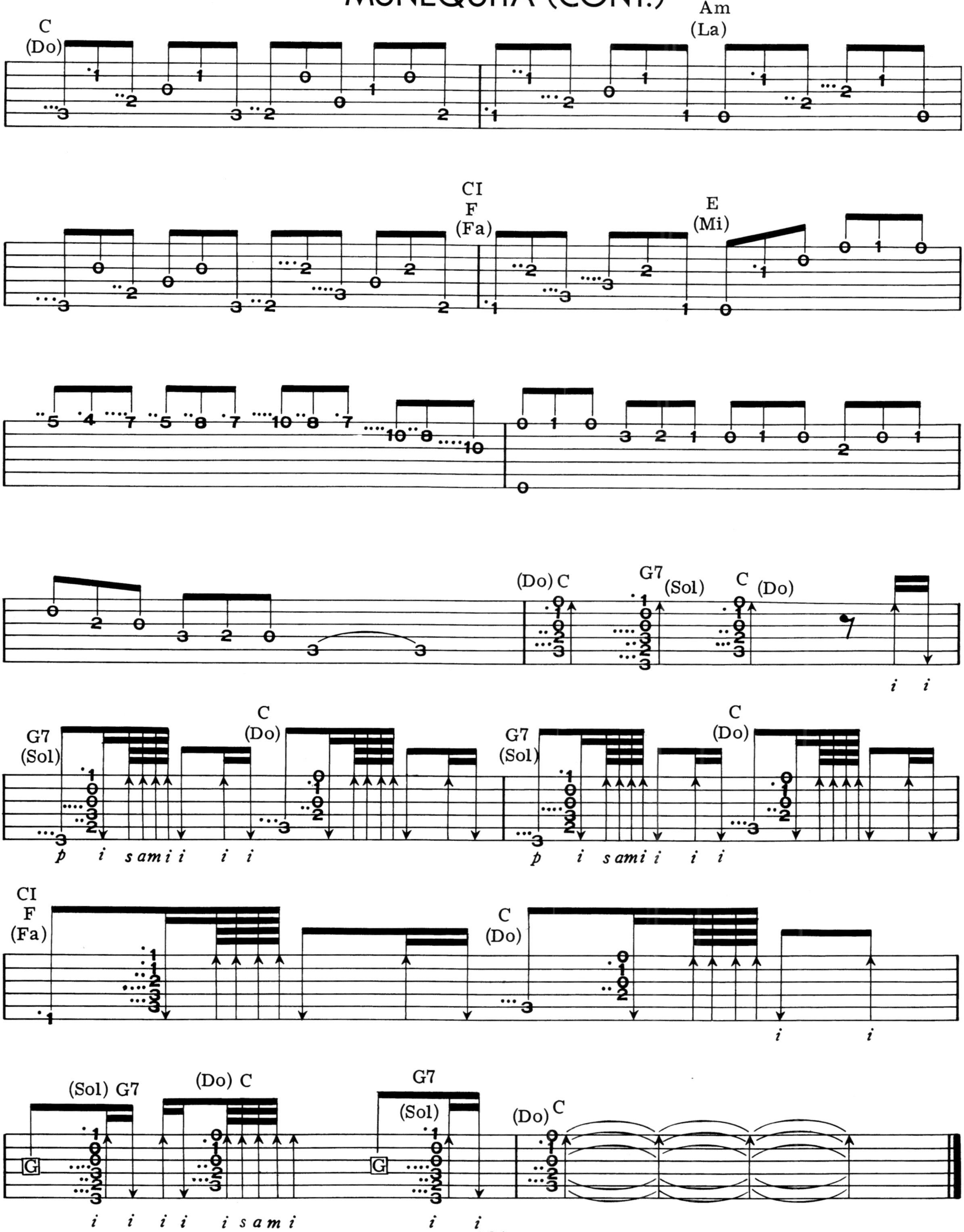

رُمْبَا

RUMBA

The "rumba" originated in Cuba. It was introduced into Spain by the conquistadores when they returned from the New World. With a few Andalucian elements it took on the form in which we know it today. It takes a lot of practice in order to obtain neatness of execution and clarity in its technique. In my first book, *Basic Techniques,* I give an illustrated explanation of the rhythmic execution, its accents and measure.

This composition is dedicated to my daughter Nancy who is two years old.

RUMBA

La Rumba es procedente de Cuba. Fué introducida en España al regreso de los conquistadores. Con algunos elementos Andaluces y la influencia del flamenco tomó la forma en que hoy la conocemos. Se requiere mucha prática para obtener limpieza y claridad en la técnica rítmica. En mi primer libro *Técnicas Básicas,* doy una explicación ilustrada sobre la ejecución del rítmo, sus acentos y su medida.

Esta composición está dedicada a mi hija Nancy de dos años de edad.

NANCY

(Rumba)

Am (La)
CI-F (Fa)
CV
CVII E7 (Mi)
CV-Am (La)
CIII G (Sol)
CI F (Fa)
Am (Am)
E (Mi)
G7 (Sol)

NANCY (CONT.)

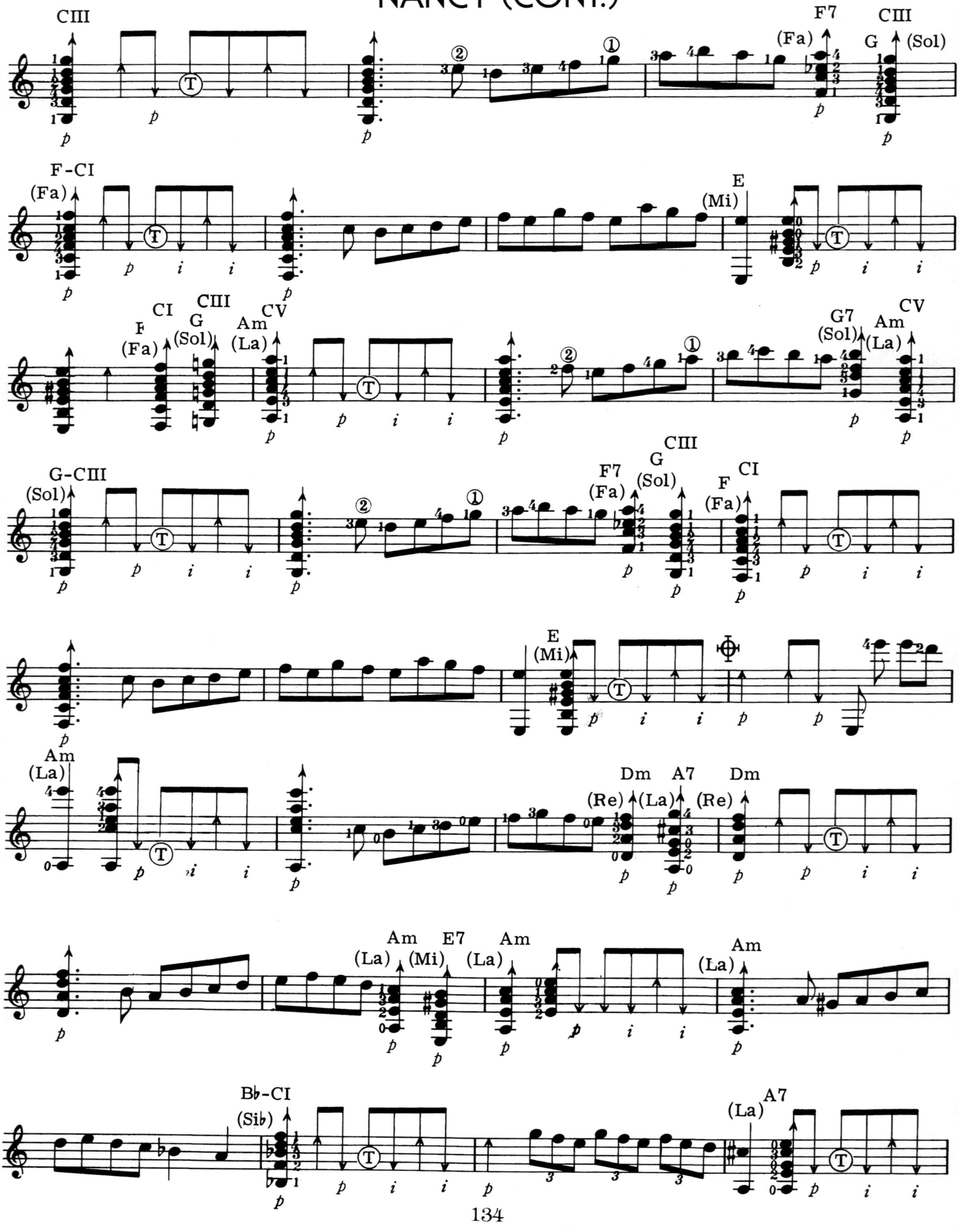
CIII
F7 (Fa)
CIII G (Sol)
F-CI (Fa)
E (Mi)
F (Fa) CI
CIII G (Sol)
Am CV (La)
G7 (Sol)
Am CV (La)
G-CIII (Sol)
F7 (Fa)
CIII G (Sol)
F CI (Fa)
E (Mi)
Am (La)
Dm (Re)
A7 (La)
Dm (Re)
Am (La)
E7 (Mi)
Am (La)
Am (La)
B♭-CI (Si♭)
A7 (La)

NANCY (CONT.)

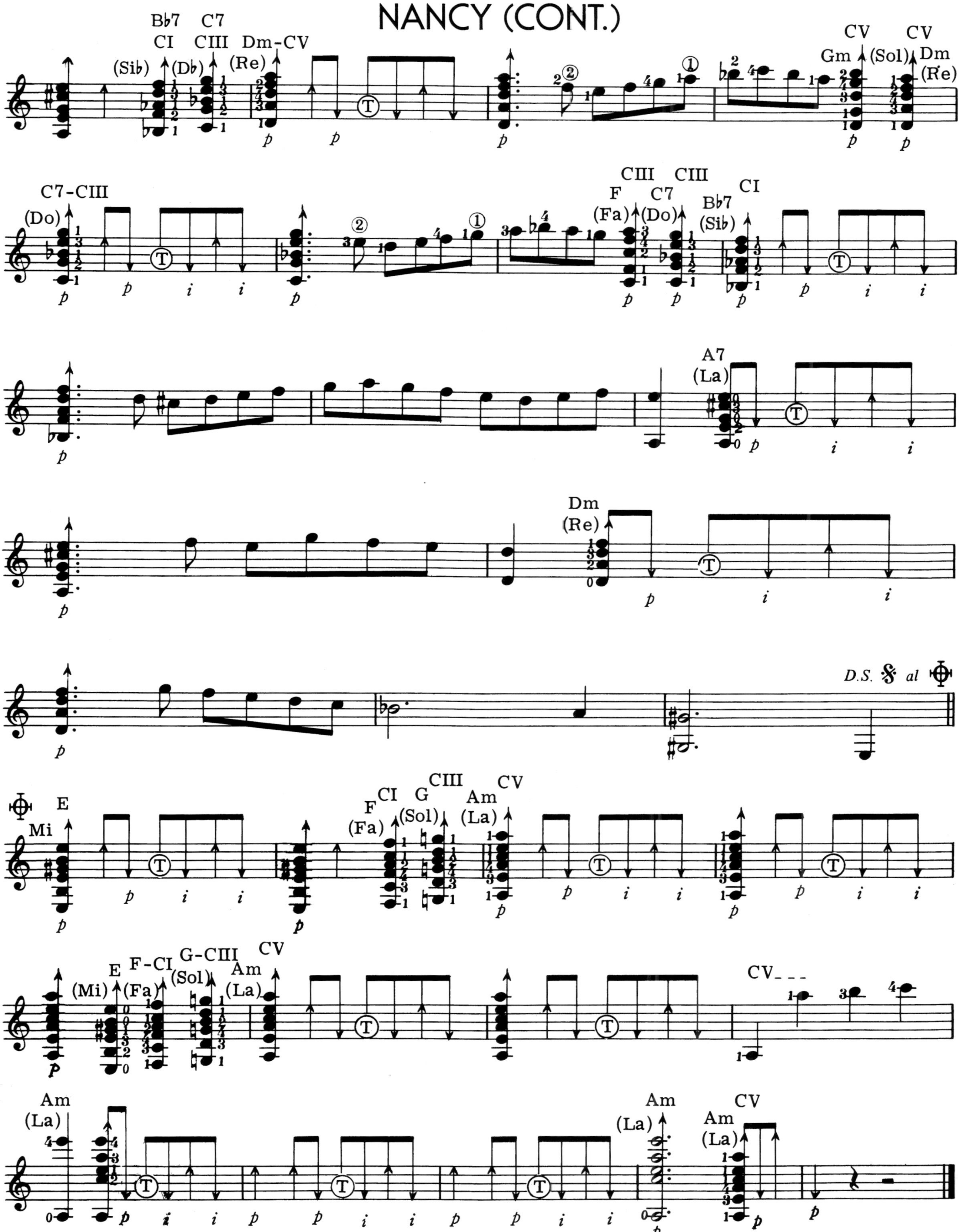

Bb7 CI (Sib)
C7 CIII (Db)
Dm-CV (Re)
Gm CV (Sol)
Dm CV (Re)
C7-CIII (Do)
F CIII (Fa)
C7 CIII (Do)
Bb7 CI (Sib)
A7 (La)
Dm (Re)
D.S. al
E Mi
F CI (Fa)
G CIII (Sol)
Am CV (La)
E (Mi)
F-CI (Fa)
G-CIII (Sol)
Am CV (La)
CV
Am (La)
Am (La)
Am CV (La)
p
i
T

NANCY

RUMBA

Juan Serrano

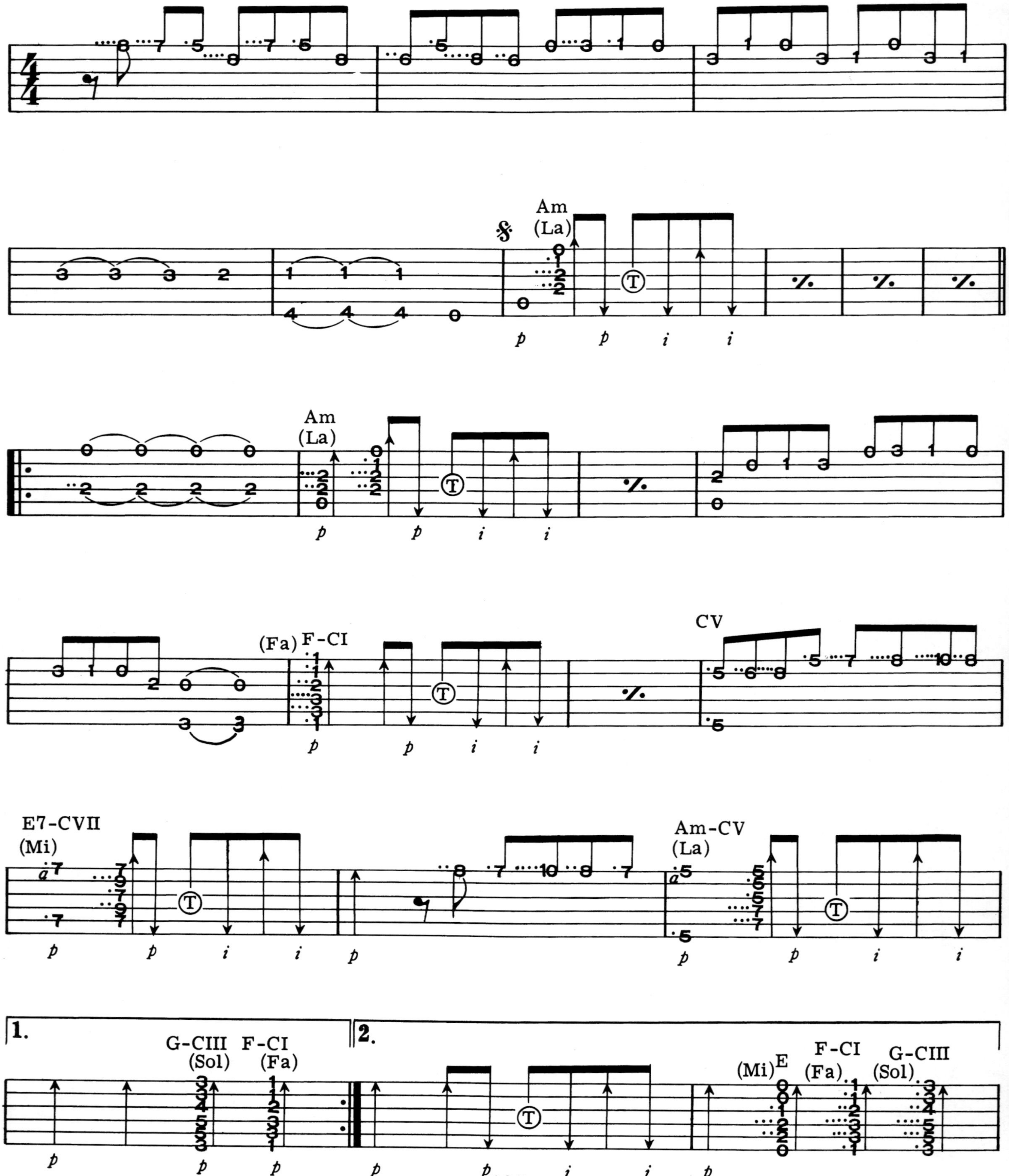

NANCY (CONT.)

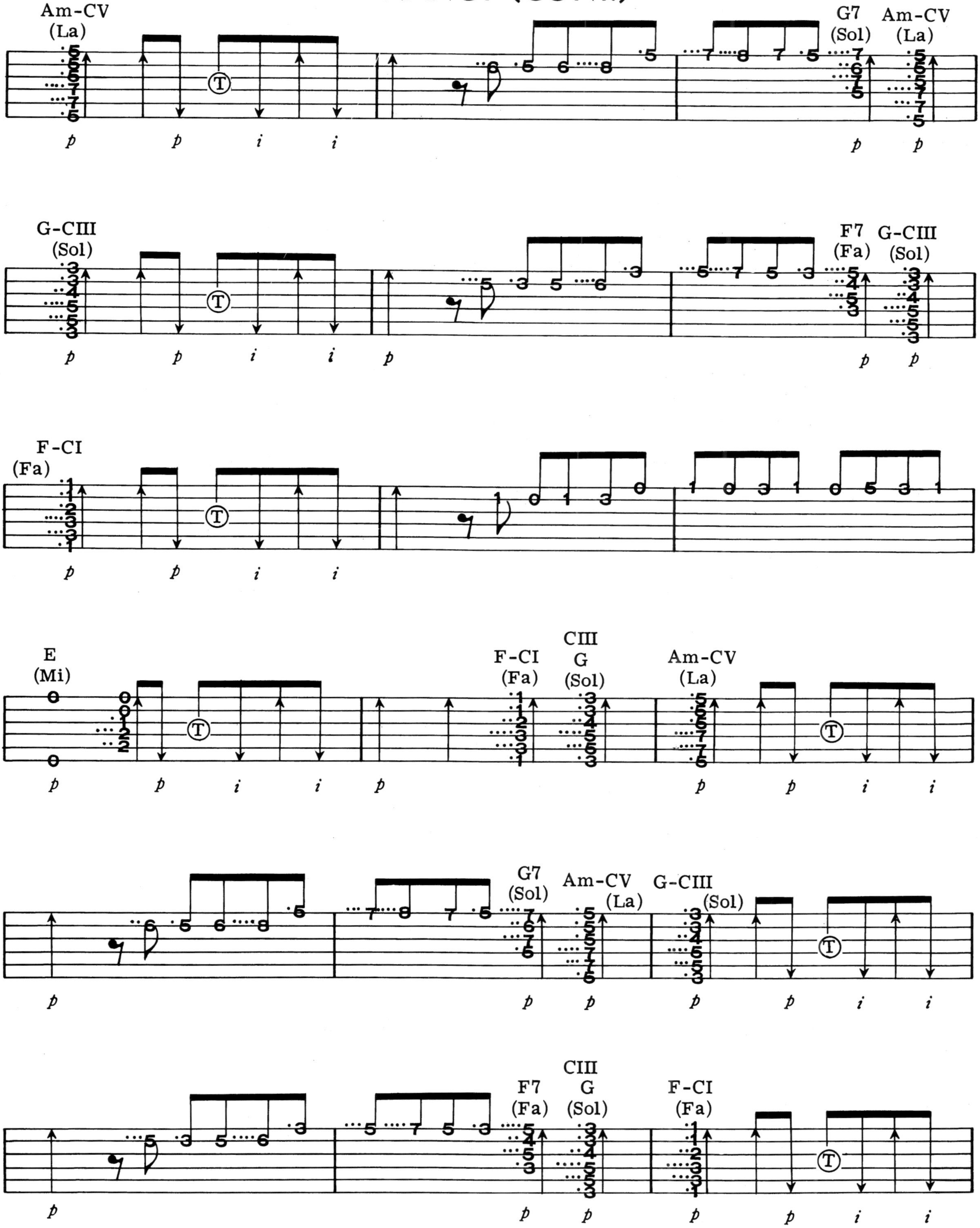
Am-CV
(La)
G7
(Sol)
Am-CV
(La)
G-CIII
(Sol)
F7
(Fa)
G-CIII
(Sol)
F-CI
(Fa)
E
(Mi)
F-CI
(Fa)
CIII
G
(Sol)
Am-CV
(La)
G7
(Sol)
Am-CV
(La)
G-CIII
(Sol)
F7
(Fa)
CIII
G
(Sol)
F-CI
(Fa)

NANCY (CONT.)

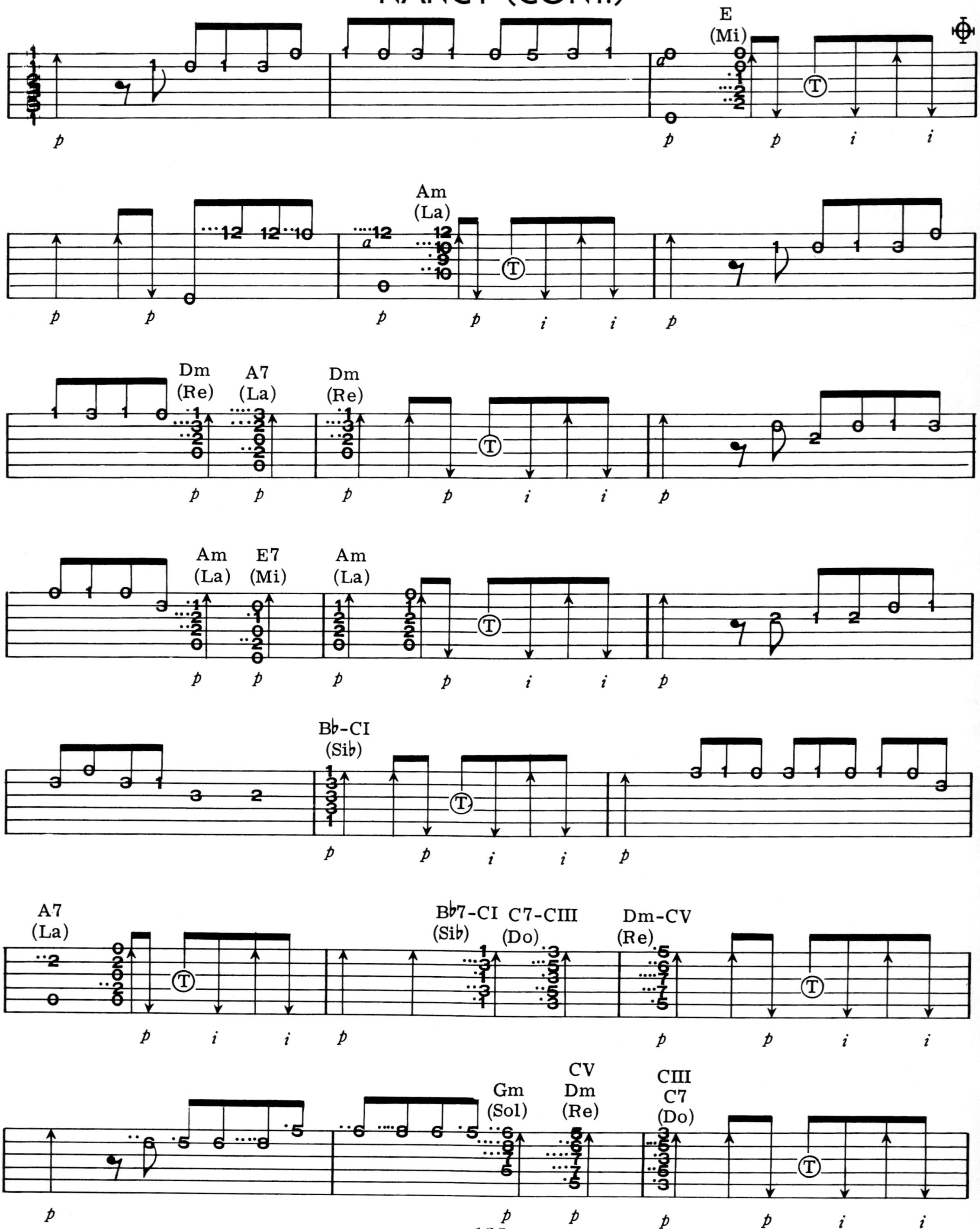

E
(Mi)
Am
(La)
Dm
(Re)
A7
(La)
Dm
(Re)
Am
(La)
E7
(Mi)
Am
(La)
B♭-CI
(Si♭)
A7
(La)
B♭7-CI
(Si♭)
C7-CIII
(Do)
Dm-CV
(Re)
Gm
(Sol)
CV
Dm
(Re)
CIII
C7
(Do)

NANCY (CONT.)

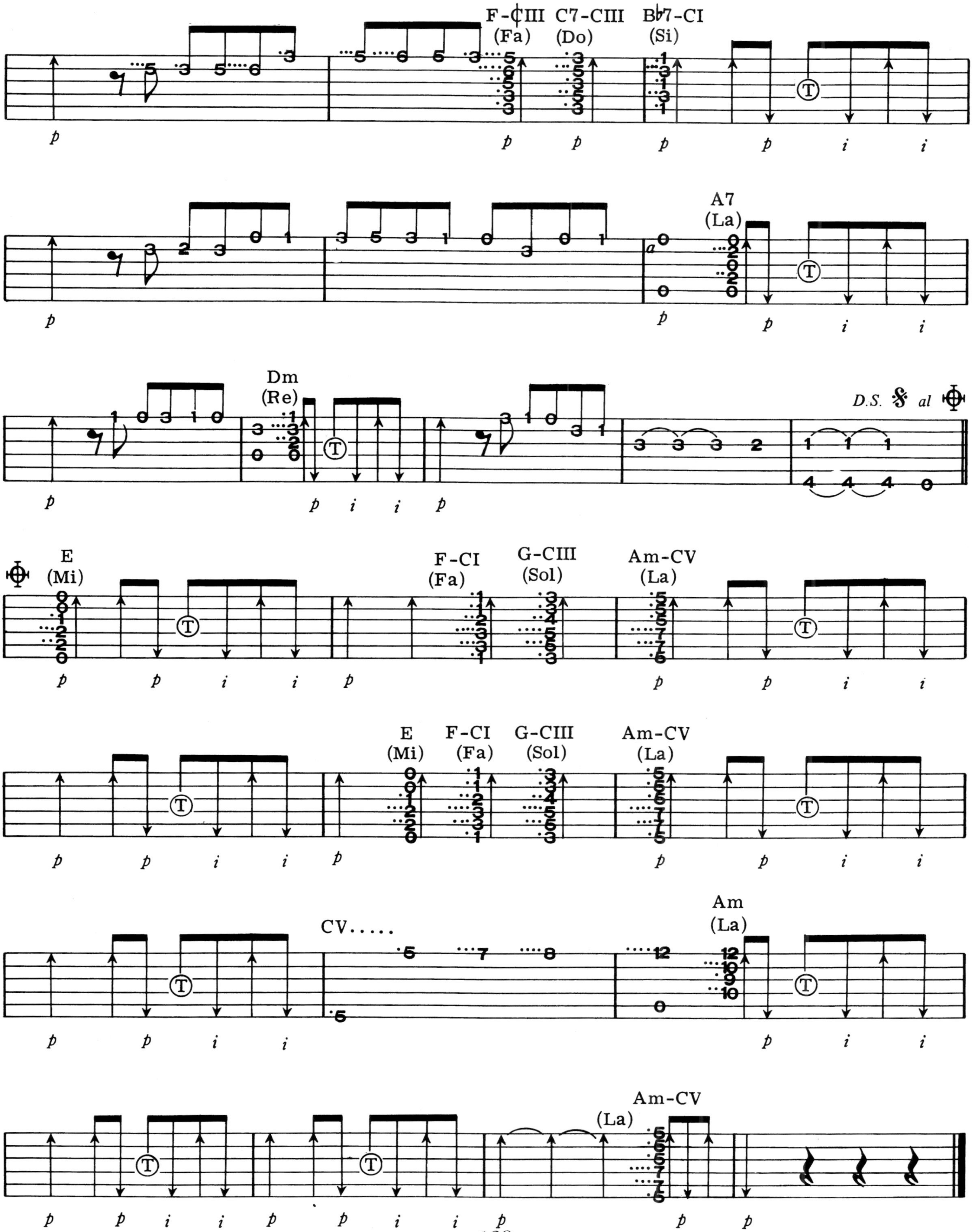

F-¢III
(Fa)
C7-CIII
(Do)
B♭7-CI
(Si)
A7
(La)
Dm
(Re)
D.S. al
E
(Mi)
F-CI
(Fa)
G-CIII
(Sol)
Am-CV
(La)
E
(Mi)
F-CI
(Fa)
G-CIII
(Sol)
Am-CV
(La)
CV.....
Am
(La)
Am-CV
(La)

جُواجِيراسْ

GUAJIRAS

The "guajiras" originated in Cuba. They were introduced into Spain by the "conquistadores." With the addition of a few Andalucian elements and flamenco influences, they took on the form which we know today.

Their measure is 3/4 and 6/8. In the old days they were only sung and accompanied by the guitar, but the singing got lost, and now few are those that sing them. Nevertheless, with the adaptation of the dance they have elevated themselves categorically to levels which they did not have at the beginning.

Today marvelous things can be done with the dance and the musical compositions of the guajiras. Almost all of the solo guitarists include them in their repertoire.

GUAJIRAS

Las Guajiras son procedentes de Cuba. Fueron introducidas en España al regreso de los conquistadores. Con algunos elementos Andaluces y la influencia del flamenco, tomaron la forma en que hoy las conocemos.

Su medida es de 3/4 y 6/8. Antiguamente solo se cantaban y se acompañaban con guitarra; pero el cante se ha ido perdiendo y ahora son muy pocos los que las cantan. Sin embargo, con la adaptación del baile y las composiciones musicales se han elevado categoricamente a un nivel que no tenían en su principio.

Hoy día se hacen verdaderas maravillas con el baile y las composiciones musicales de las Guajiras y casi todos los guitarristas solistas las incluyen en su repertorio.

NOSTALGIA

(Guajiras)

Juan Serrano

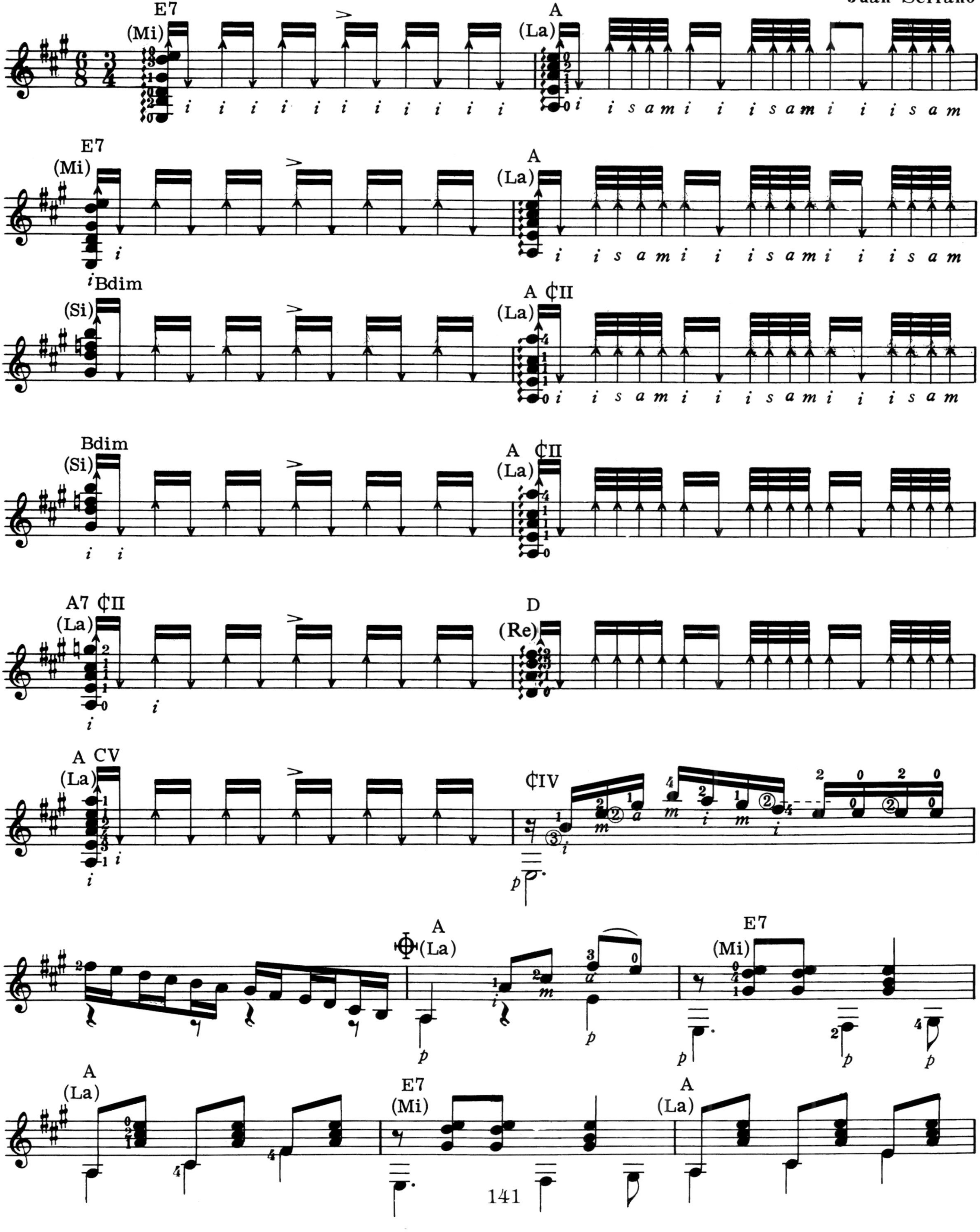

NOSTALGIA (CONT.)

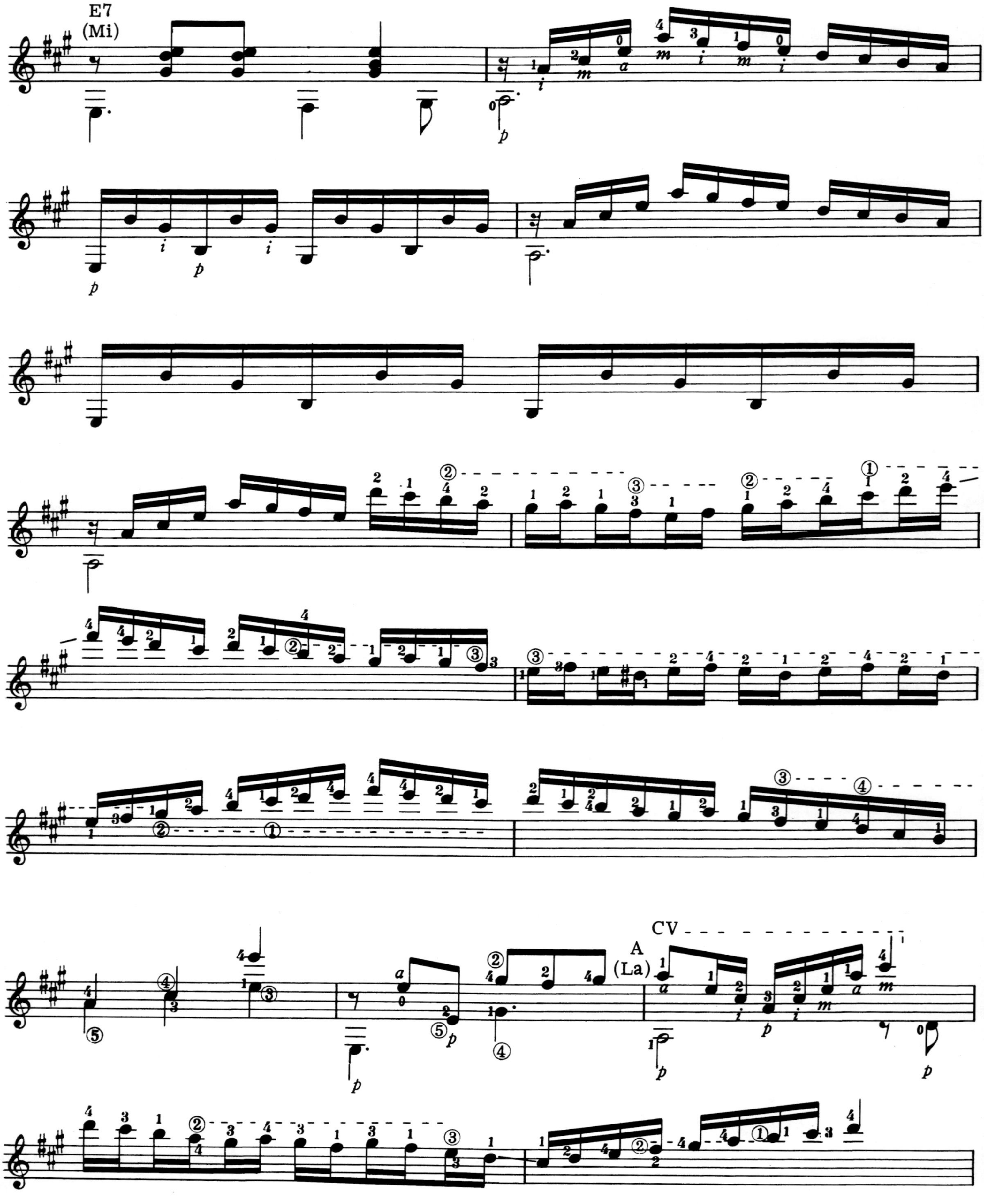

NOSTALGIA (CONT.)

NOSTALGIA (CONT.)

NOSTALGIA (CONT.)

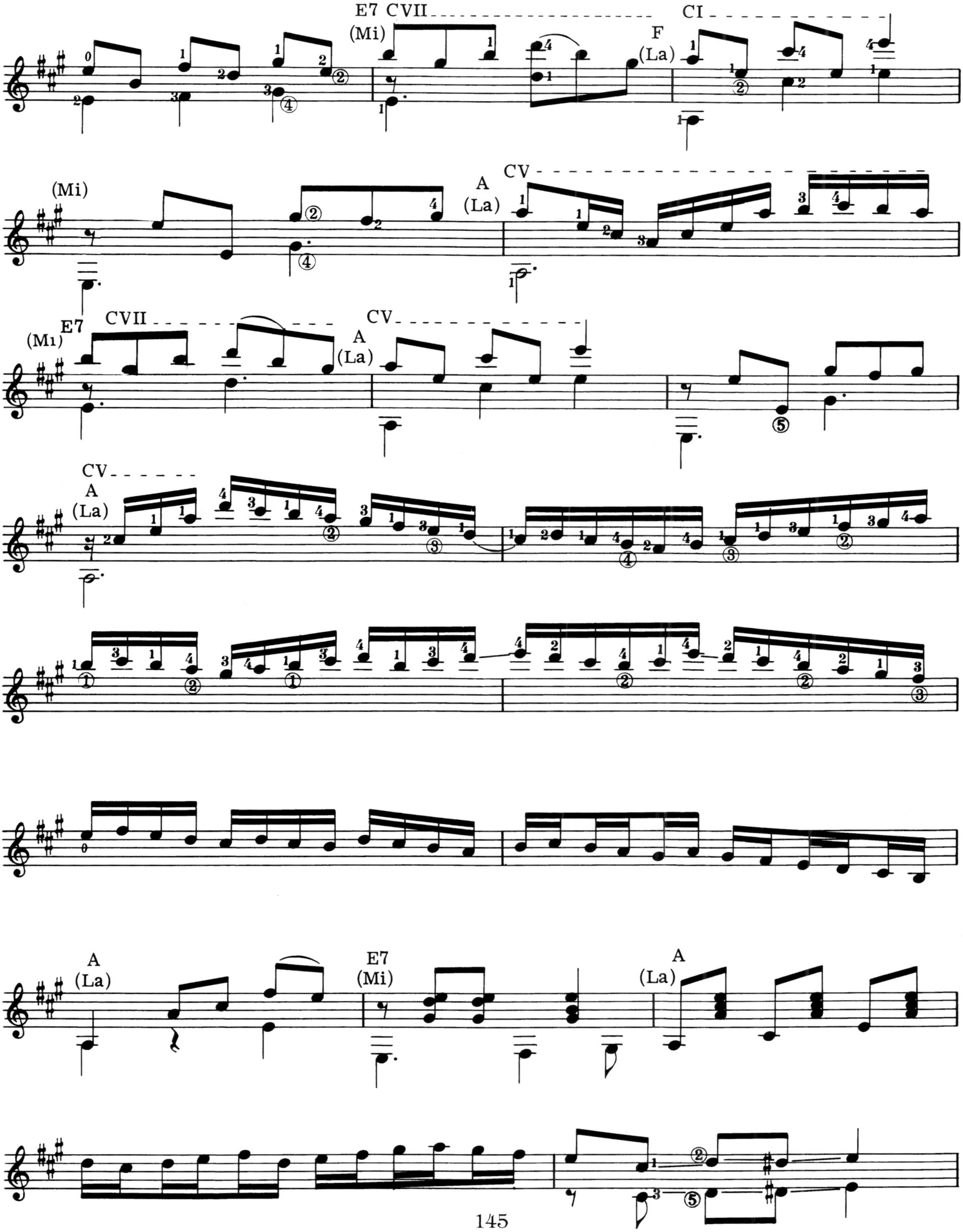

NOSTALGIA (CONT.)

NOSTALGIA (CONT.)

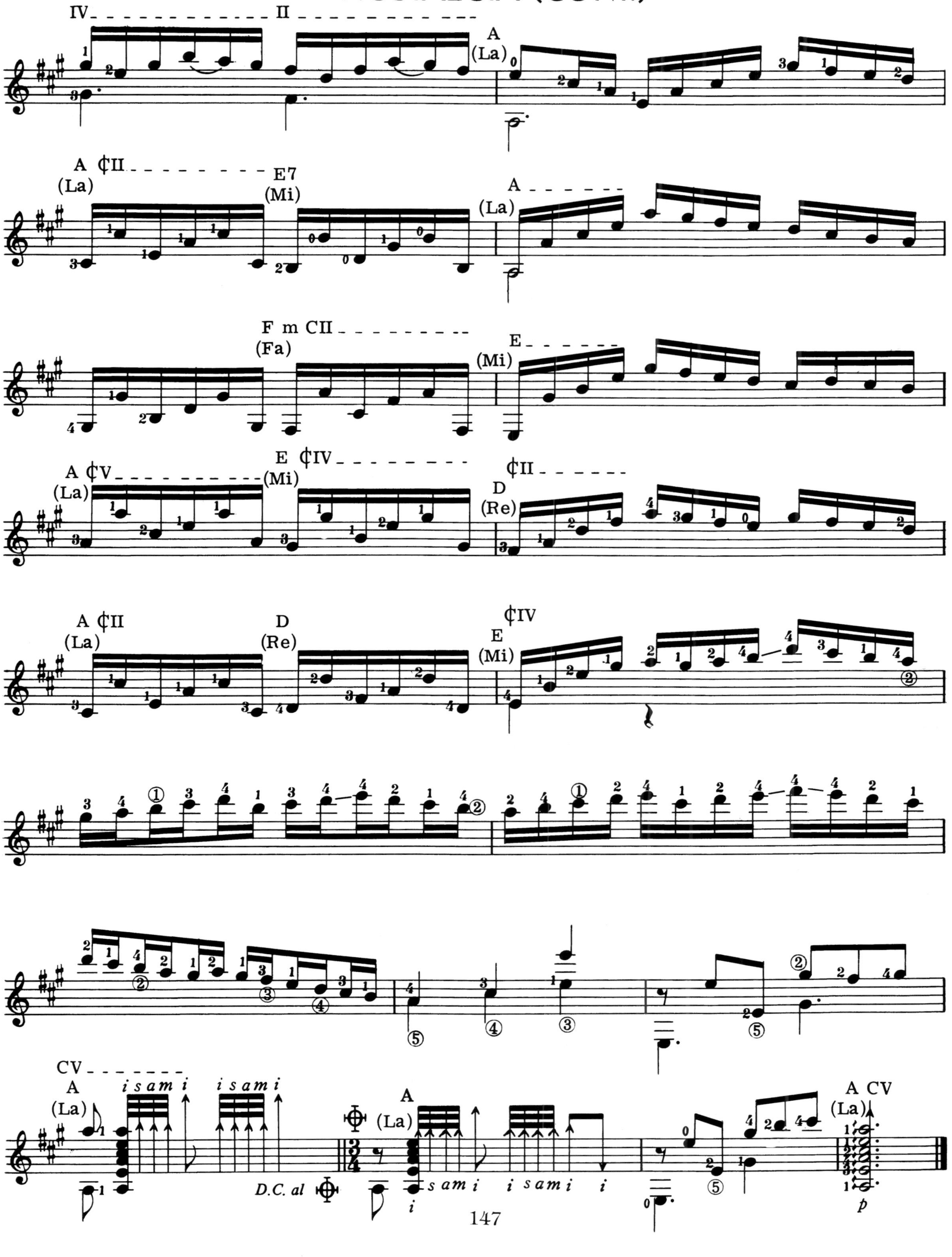

NOSTALGIA

(Guajiras)

Juan Serrano

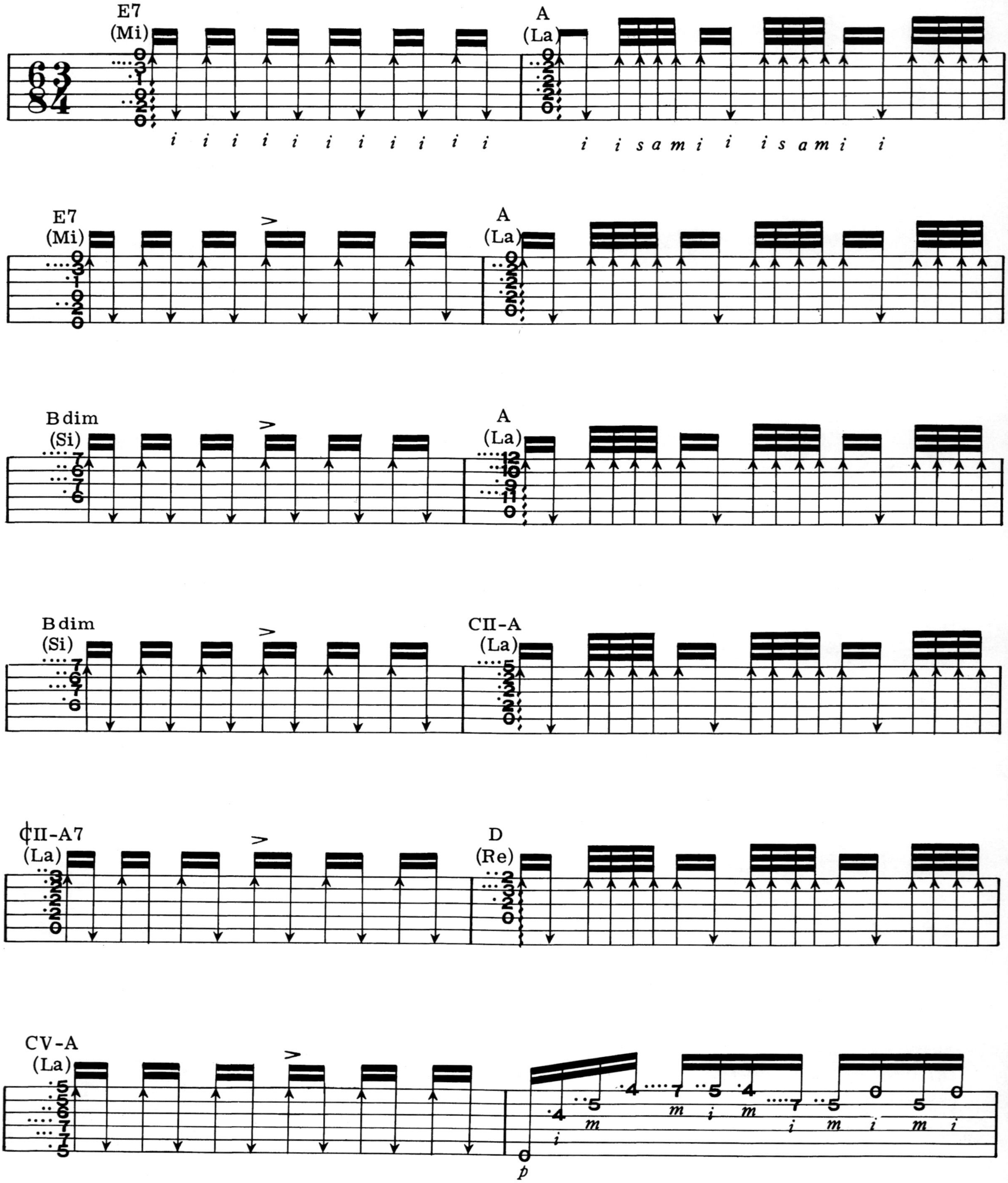

NOSTALGIA (CONT.)

NOSTALGIA (CONT.)

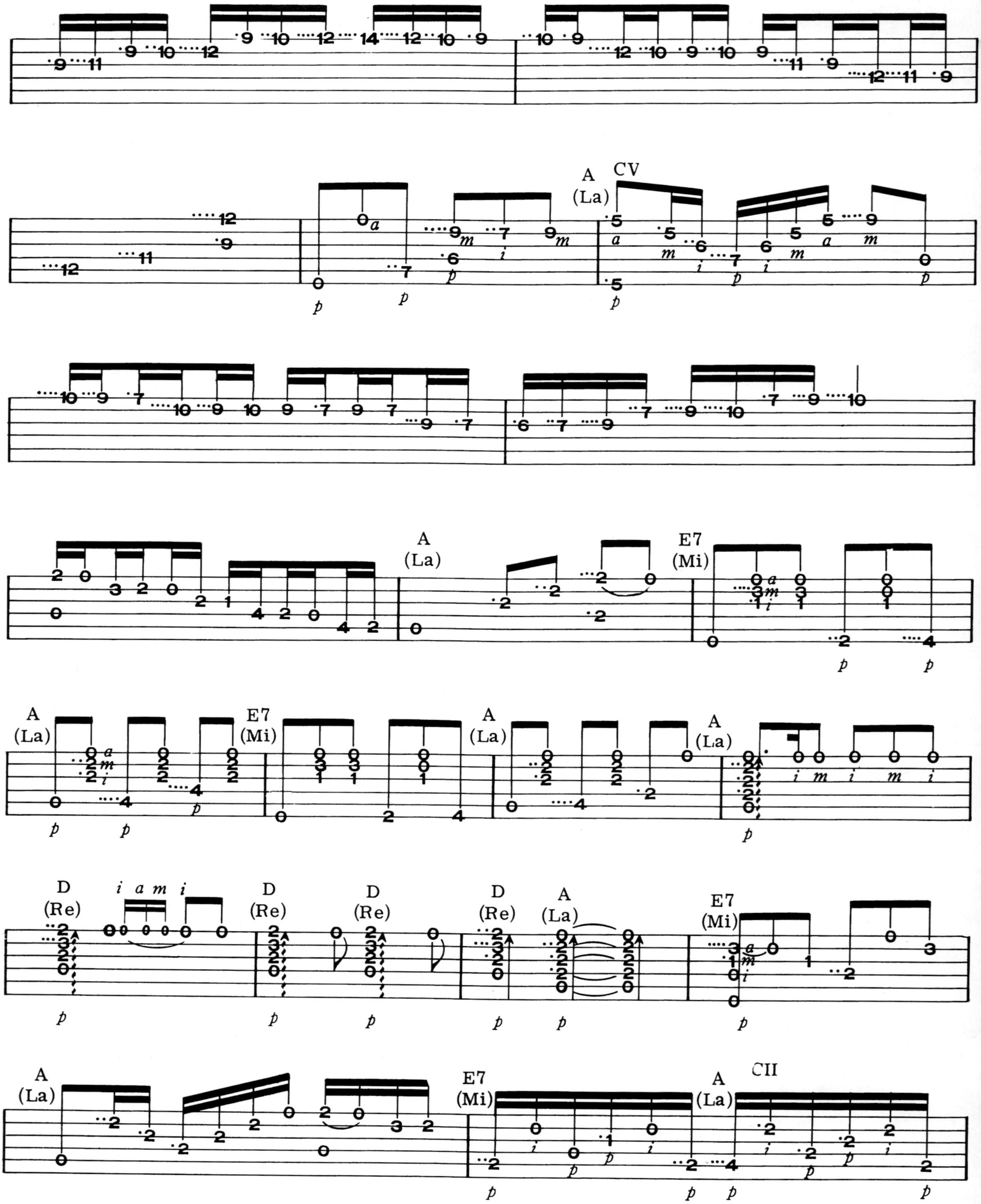

NOSTALGIA (CONT.)

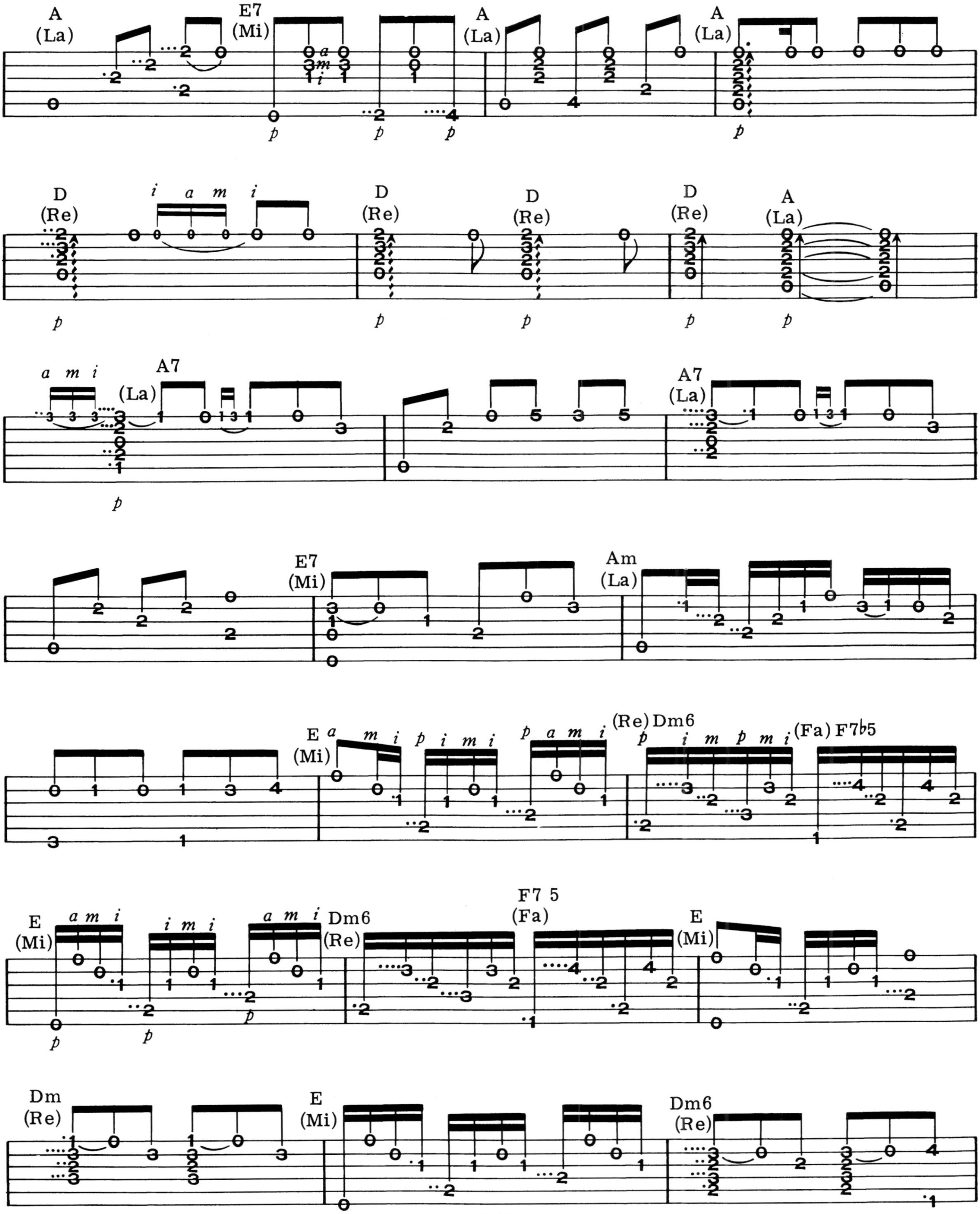

NOSTALGIA (CONT.)

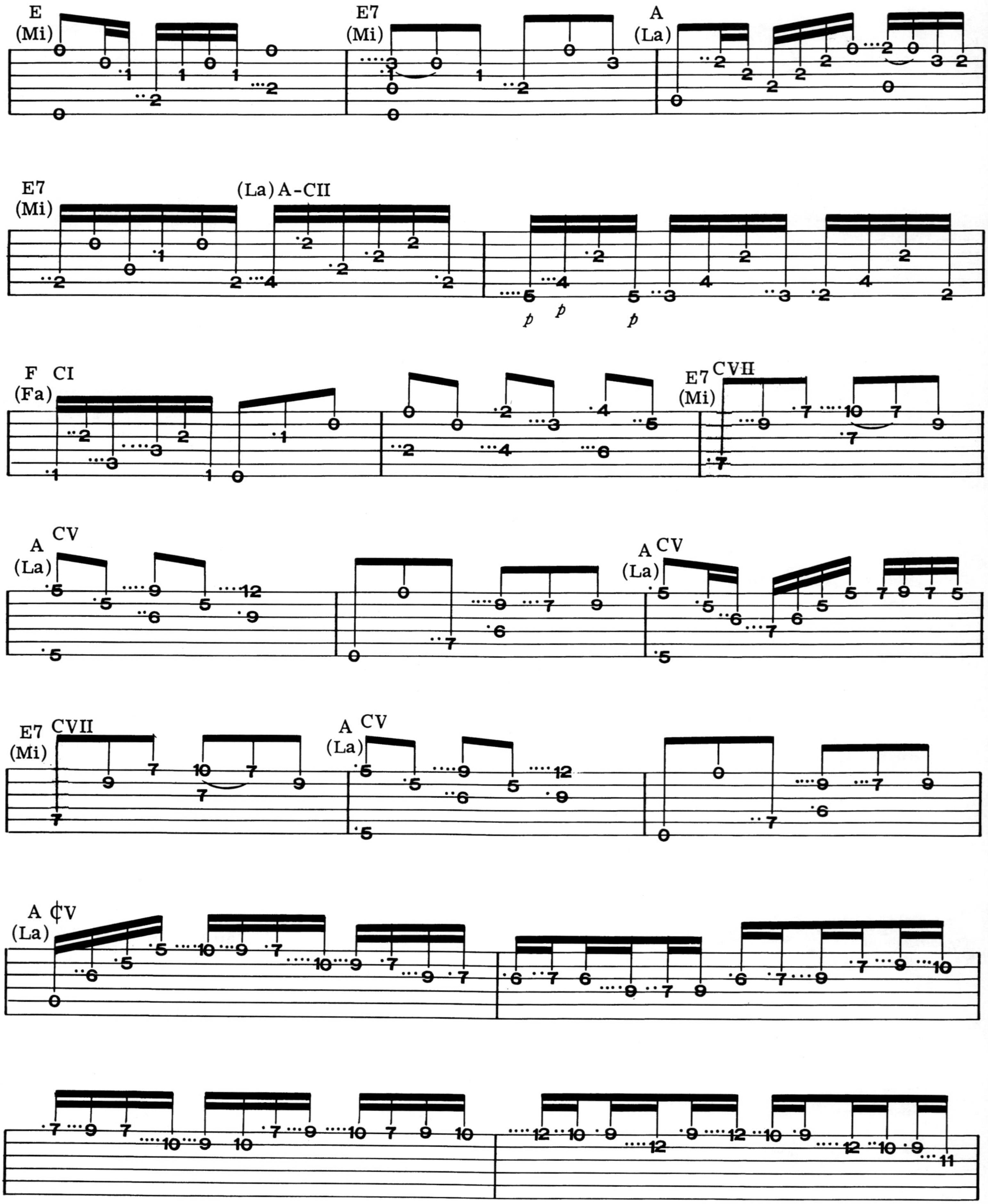

NOSTALGIA (CONT.)

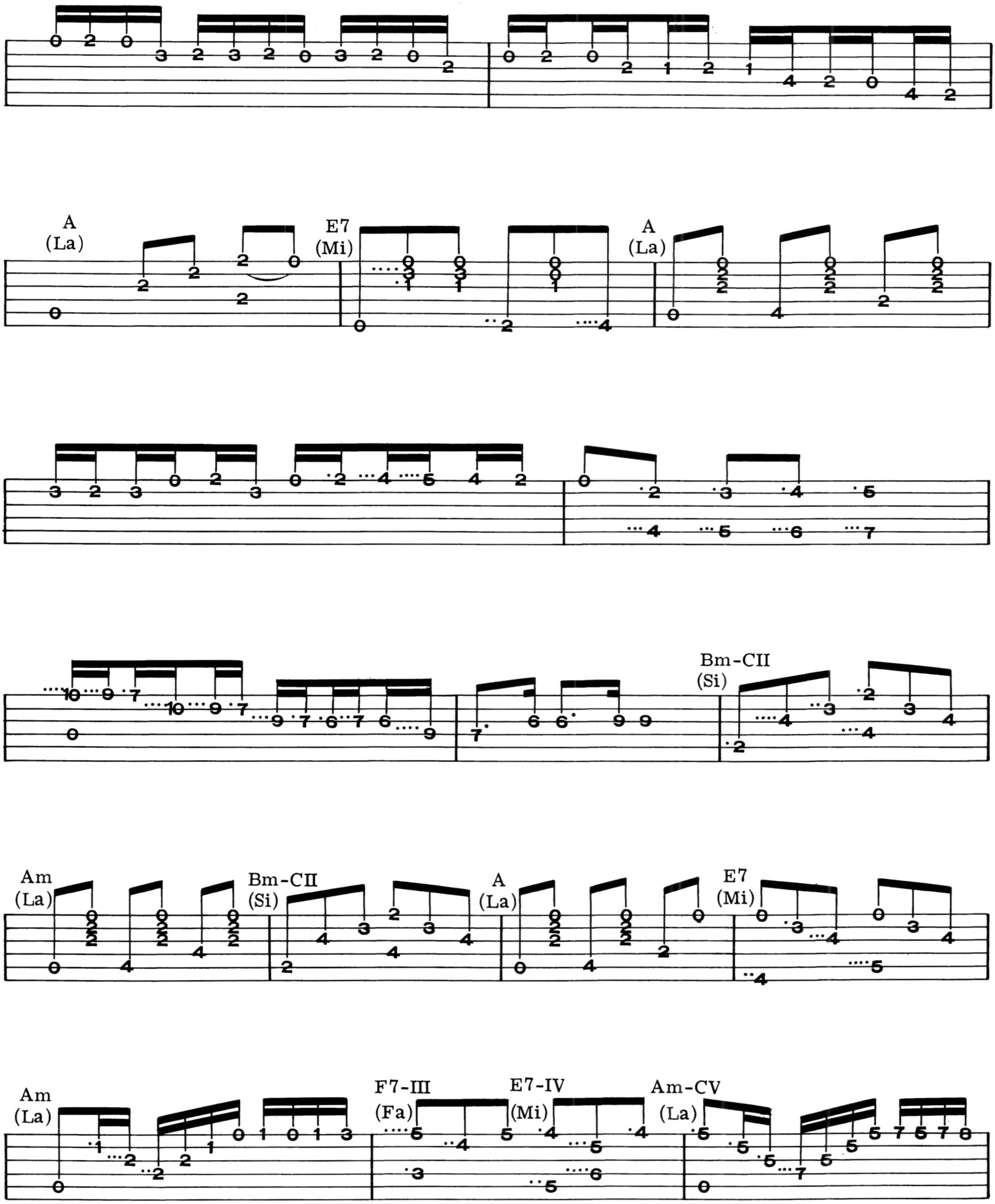

NOSTALGIA (CONT.)

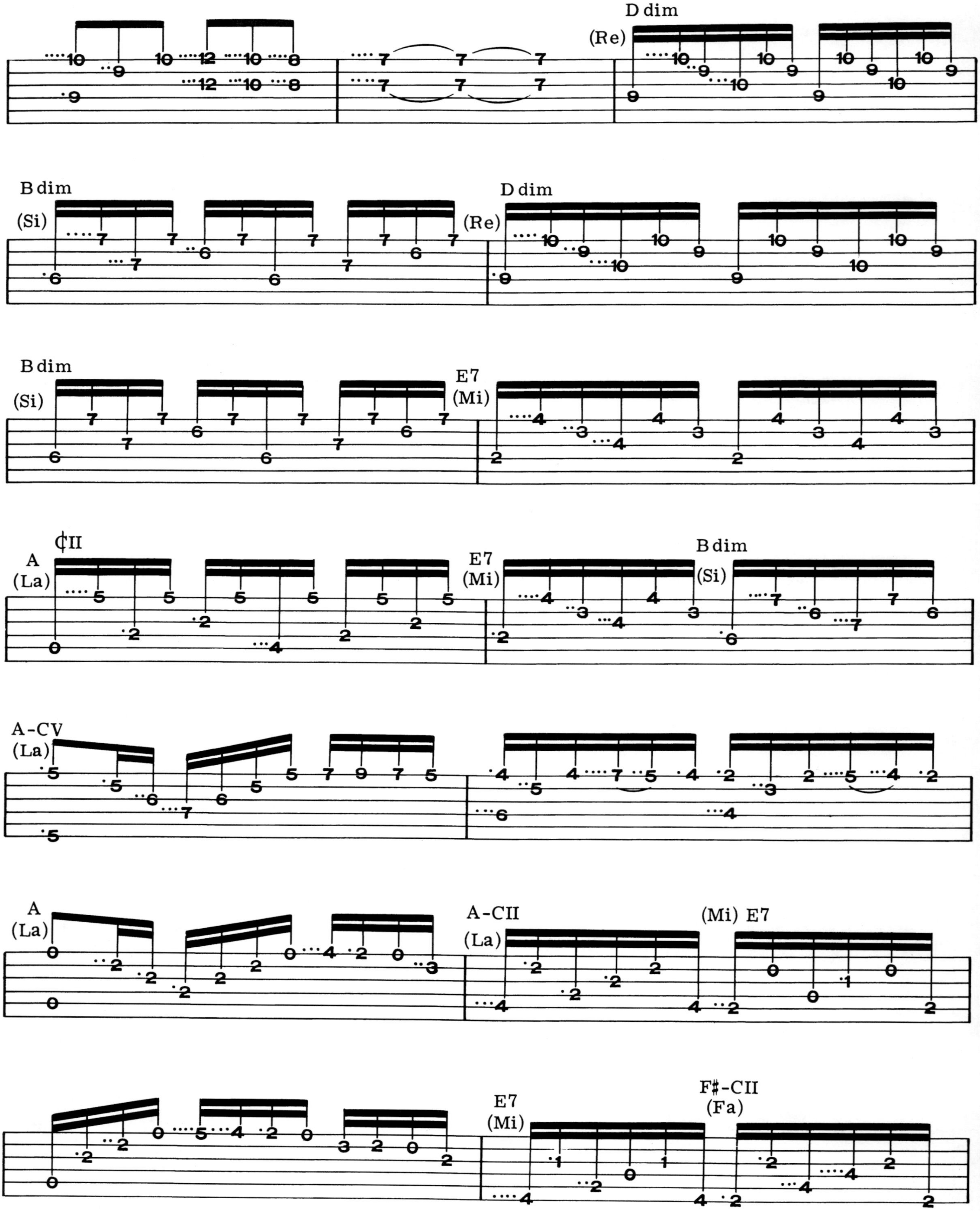

NOSTALGIA (CONT.)

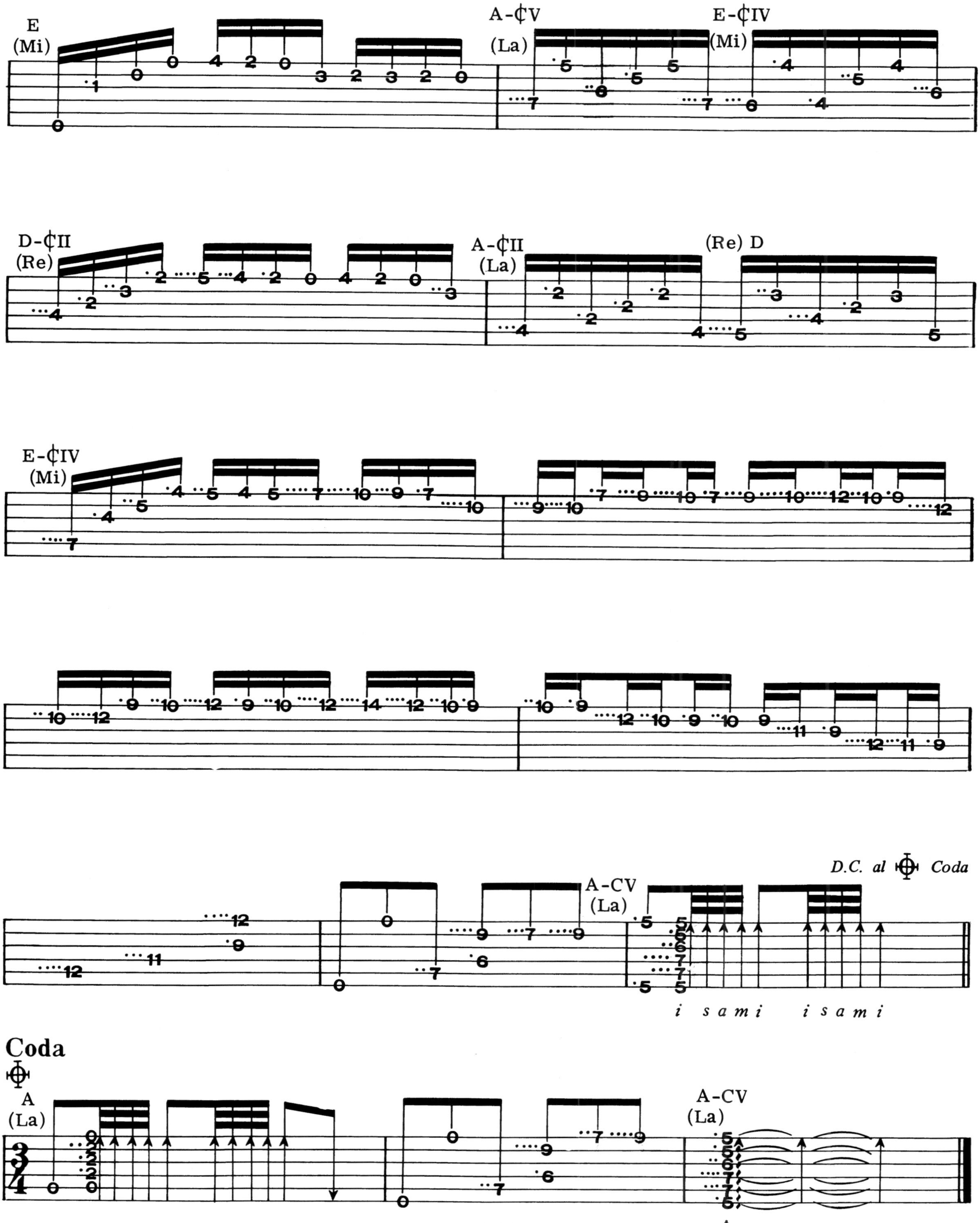

سُولِيَارِسْ

SOLEARES

The "soleares" are one of the basic styles of flamenco. The "soleares" are considered the mother of flamenco because from them derive many of the other styles. Almost all of the rhythms that are measured by 3/4 time are in twelve beats according to the rules of flamenco. They are derived and influenced by the "soleares." Examples are: the "caña," the "polo," the "bulerías" and others.

In my first book, *Basic Techniques,* I explain the meaning of the word "soleares" and the basis of its musical form.

SOLEARES

Las soleares son uno de los estilos básicos del flamenco. A las soleares se les considera la madre del flamenco porque de ellas derivan muchos de los otros estilos. Casi todos los rítmos que se miden en 3/4 o en doce tiempos según las reglas del flamenco, son derivados o influenciados por las Soleares, como la caña, el polo, las bulerías y otros.

En mi primer libro *Tecnicas Basicas,* explico el significado de la palabra soleares y de donde procede su forma musical.

بِسْمِ ٱللَّهِ ٱلرَّحْمَٰنِ ٱلرَّحِيمِ

POSADAS

(Soleares)

Juan Serrano

POSADAS (CONT.)

POSADAS (CONT.)

POSADAS (CONT.)

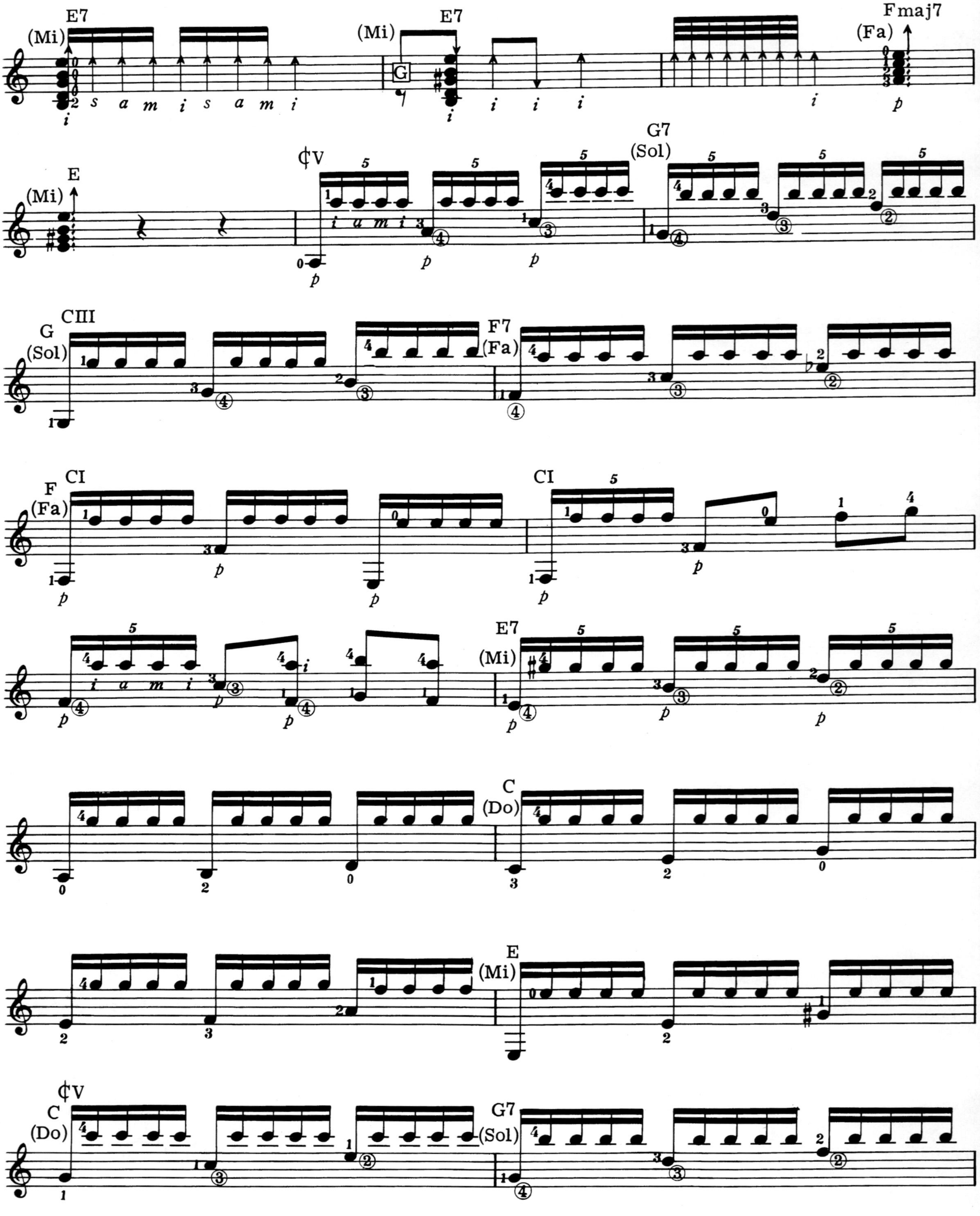

POSADAS (CONT.)

POSADAS (CONT.)

POSADAS (CONT.)

POSADAS (CONT.)

POSADAS

(Soleares)

Juan Serrano

POSADAS (CONT.)

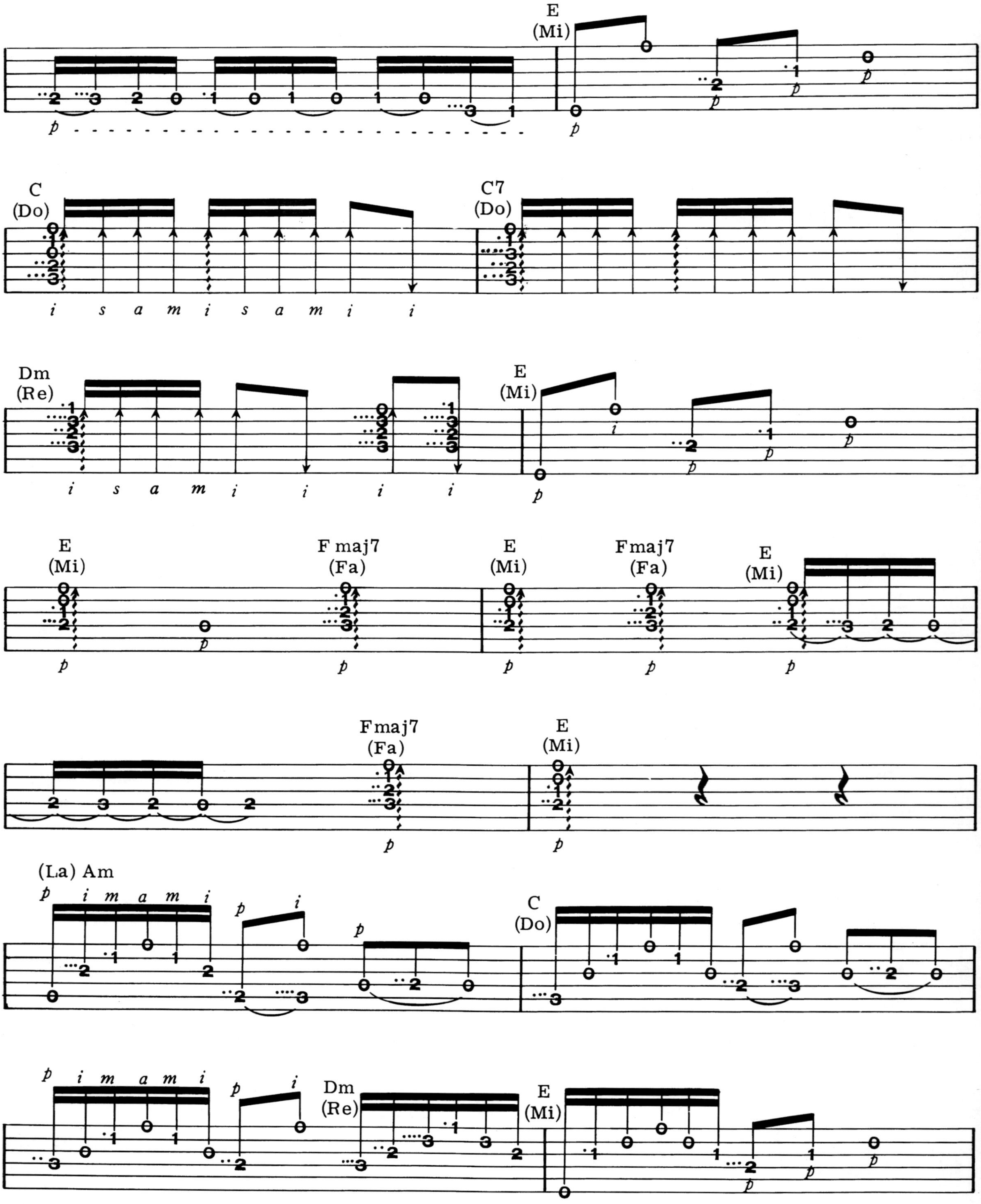

POSADAS (CONT.)

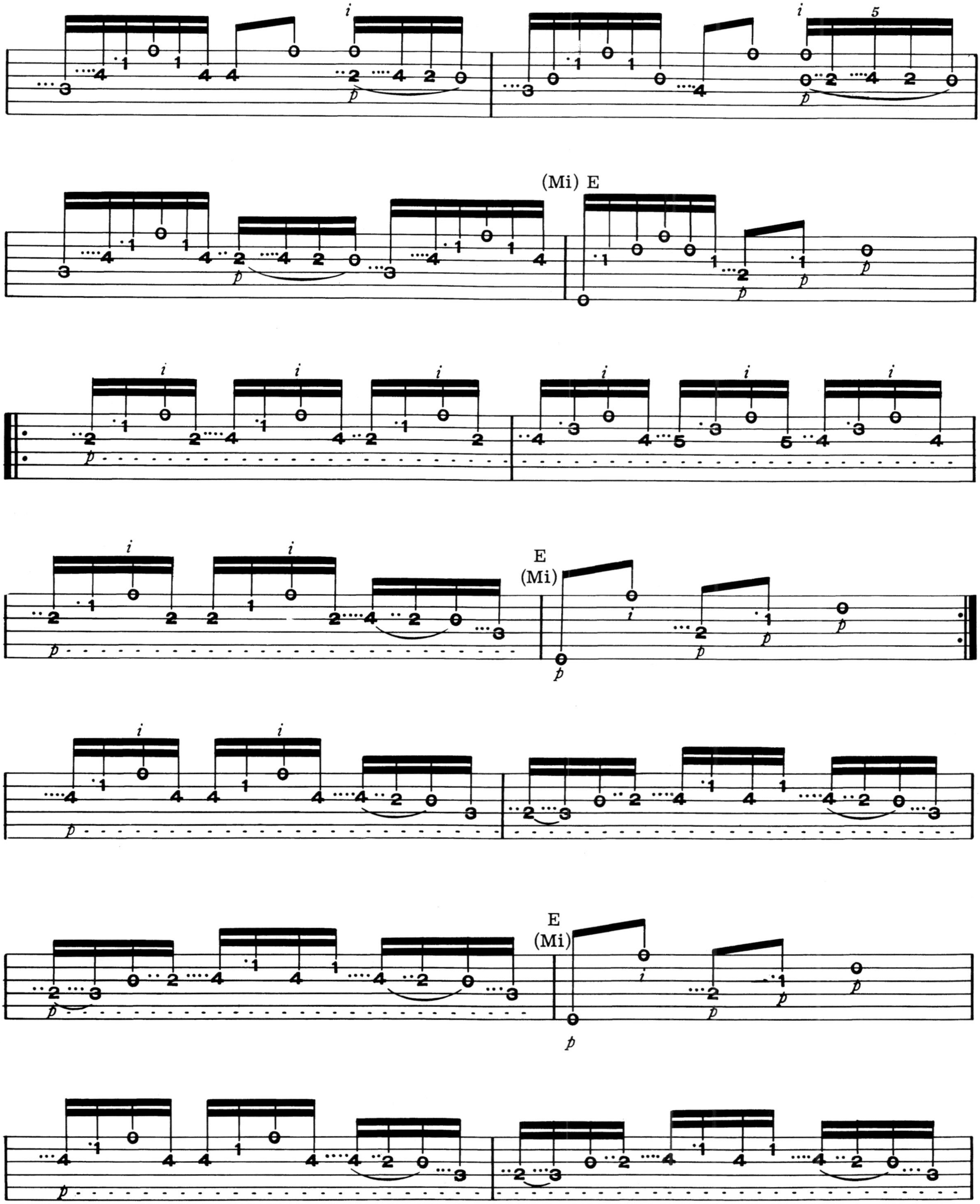

POSADAS (CONT.)

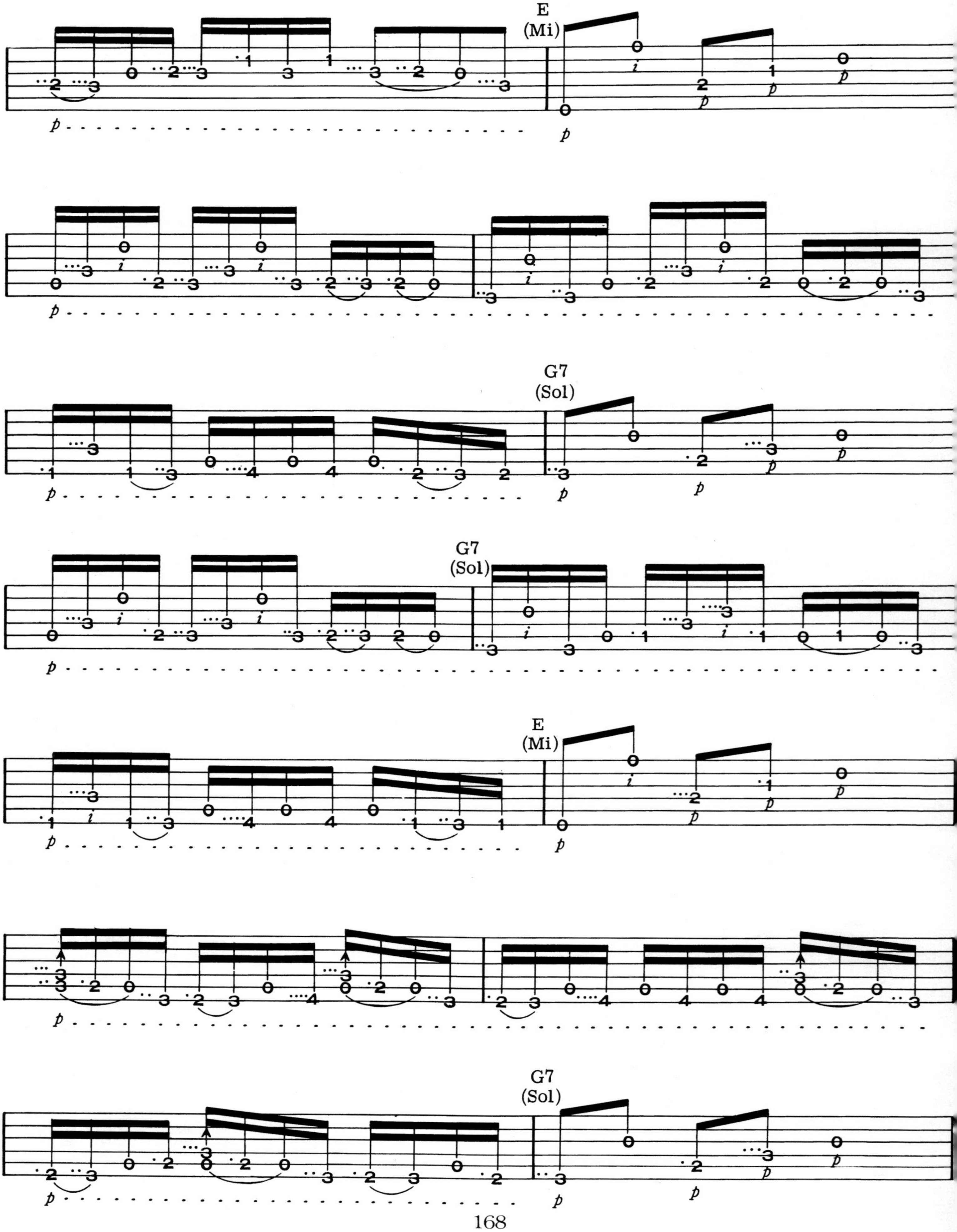

POSADAS (CONT.)

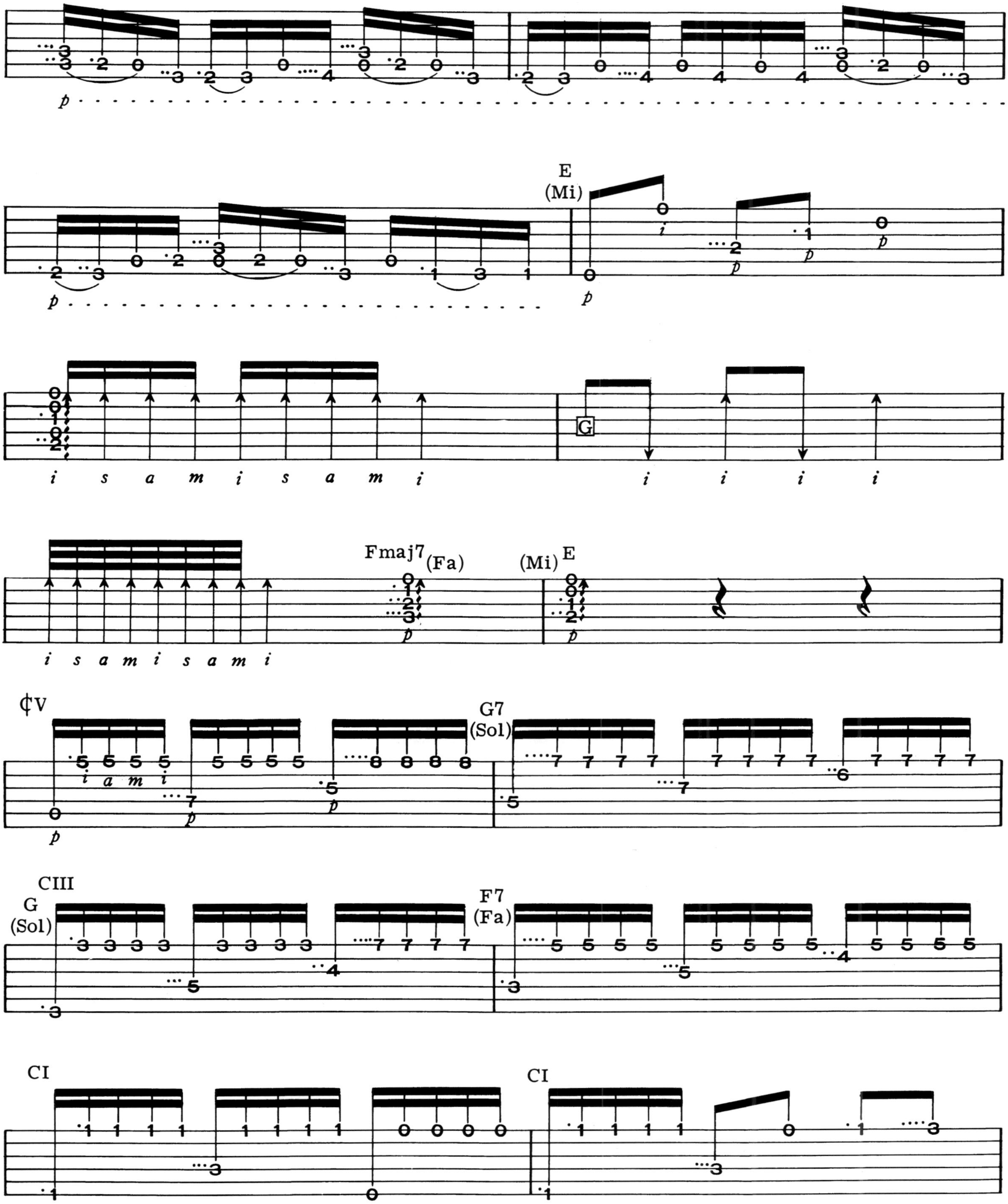

POSADAS (CONT.)

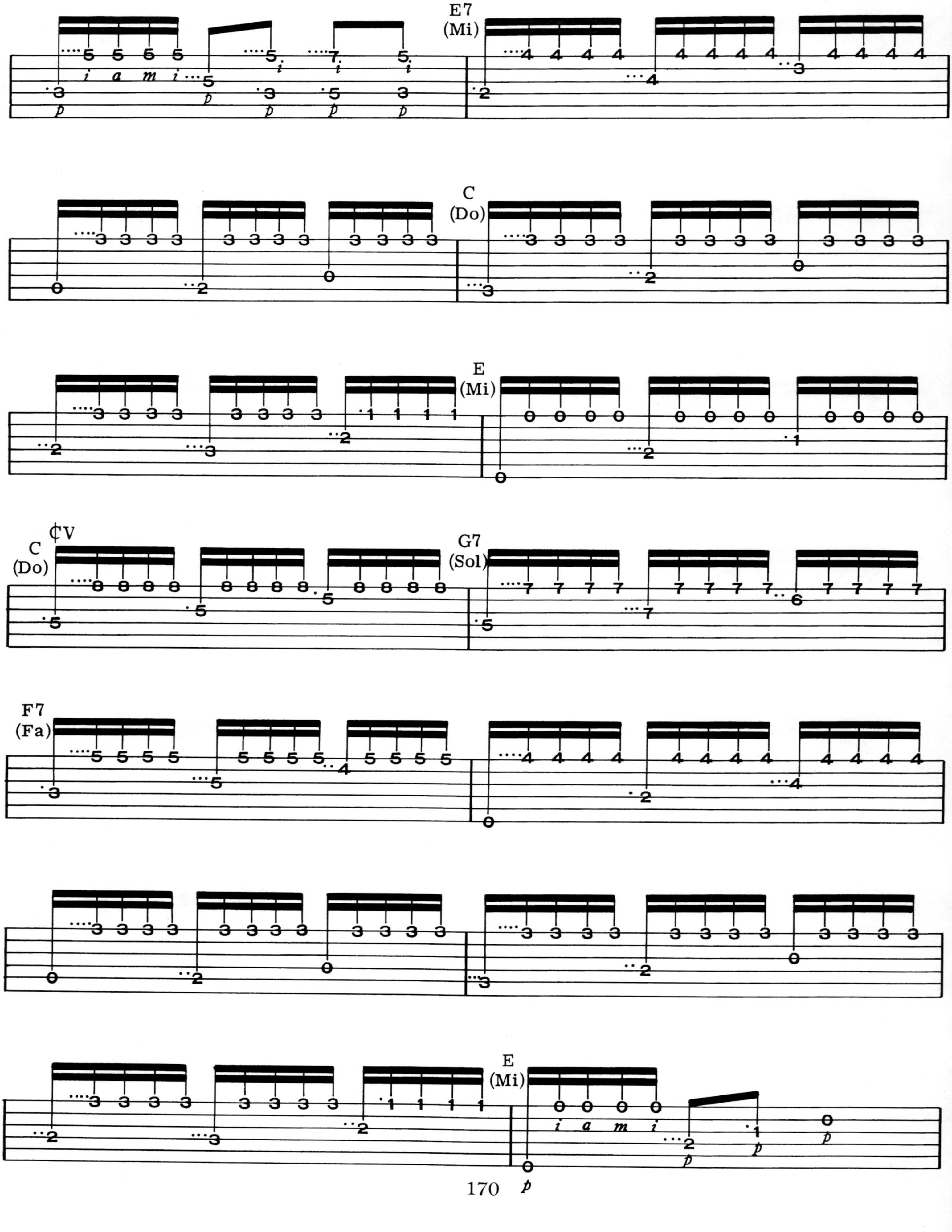

POSADAS (CONT.)

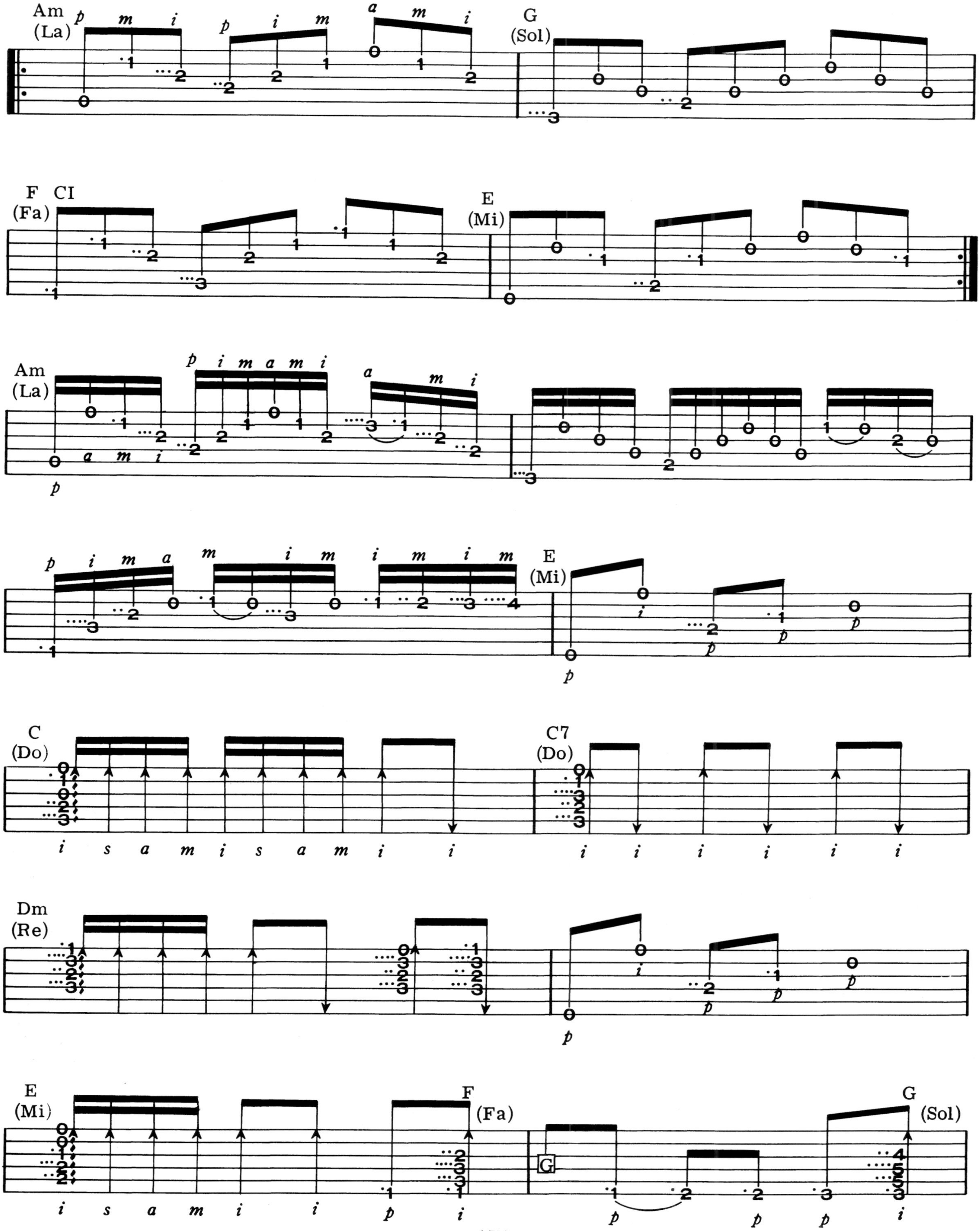

POSADAS (CONT.)

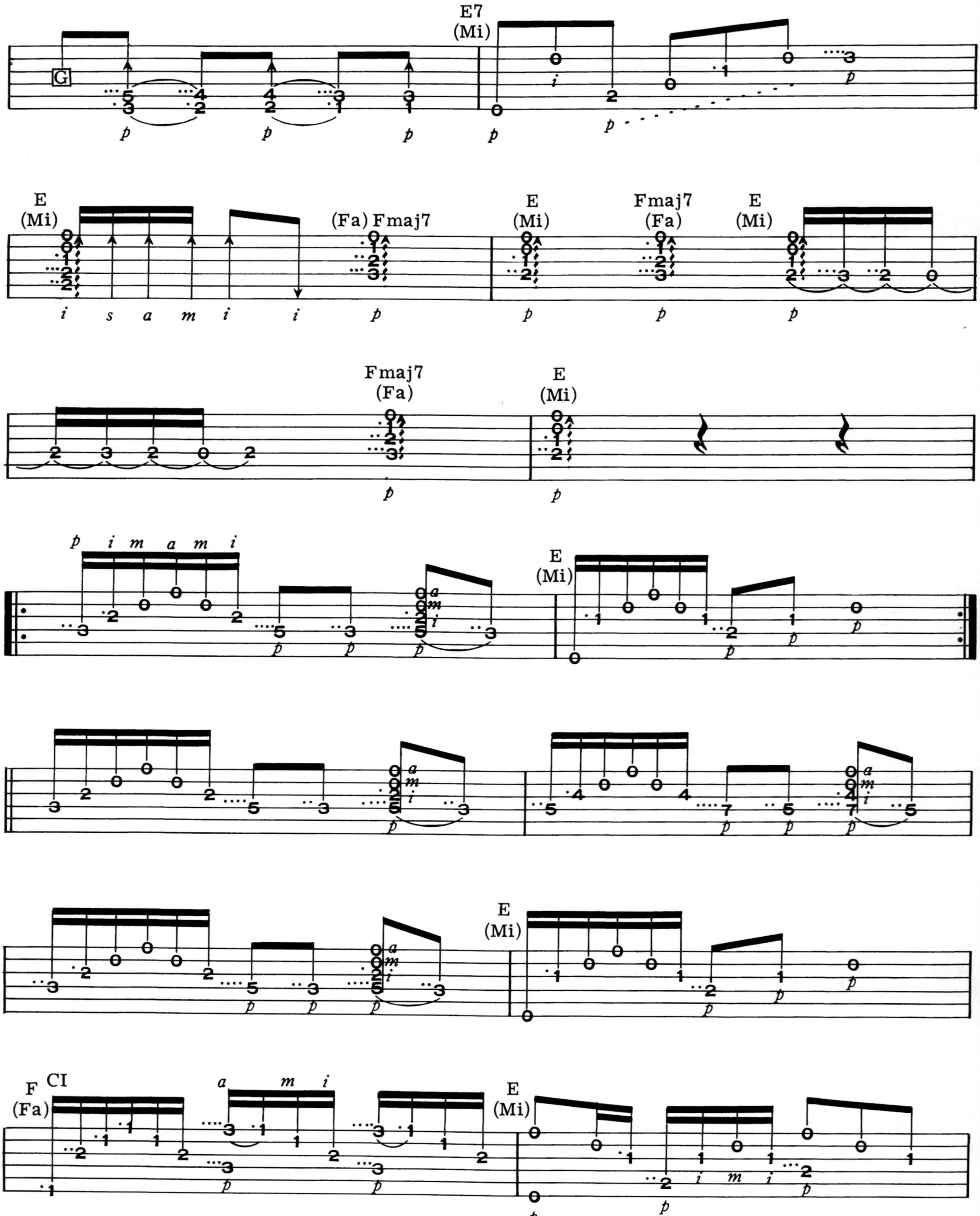

POSADAS (CONT.)

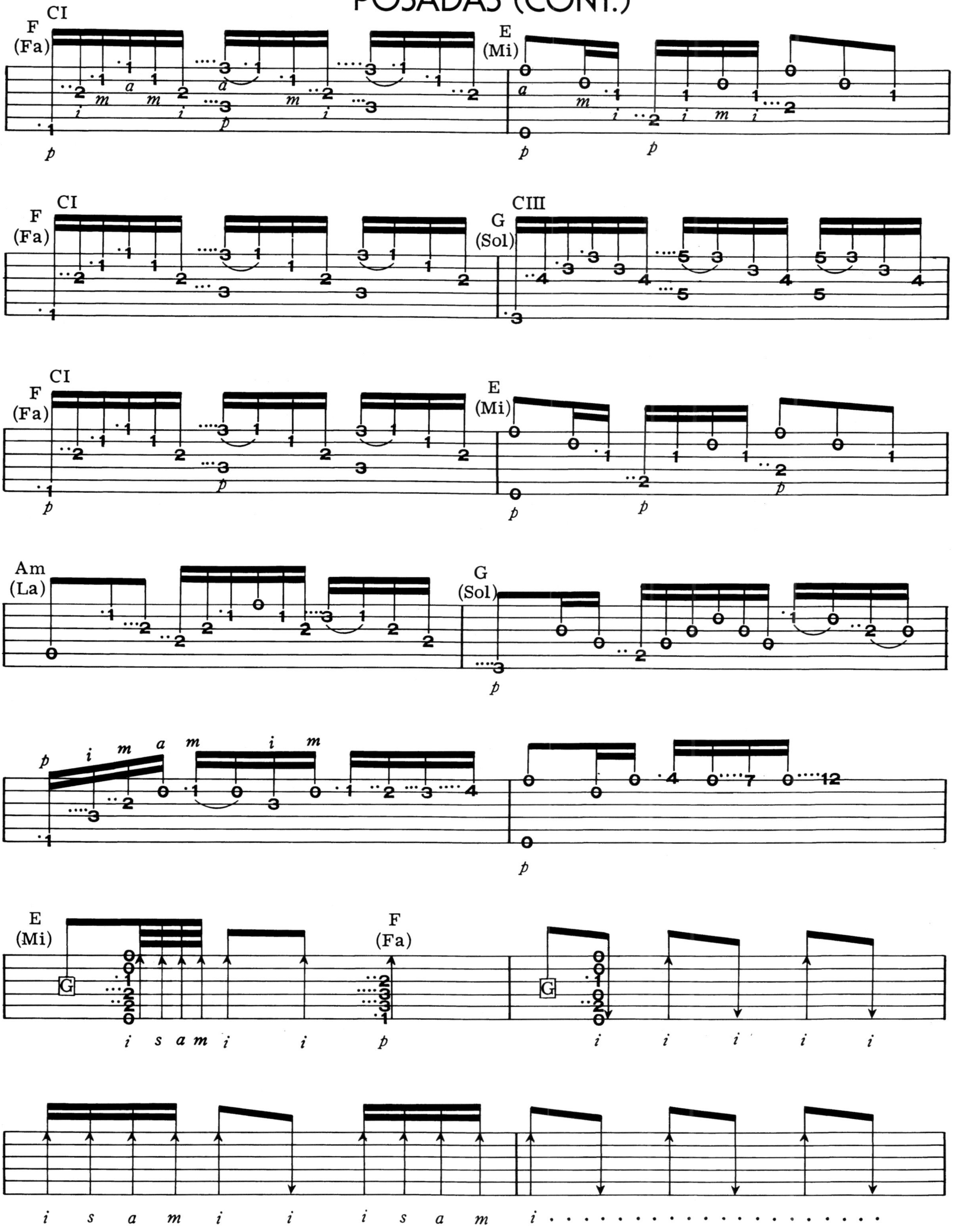

POSADAS (CONT.)

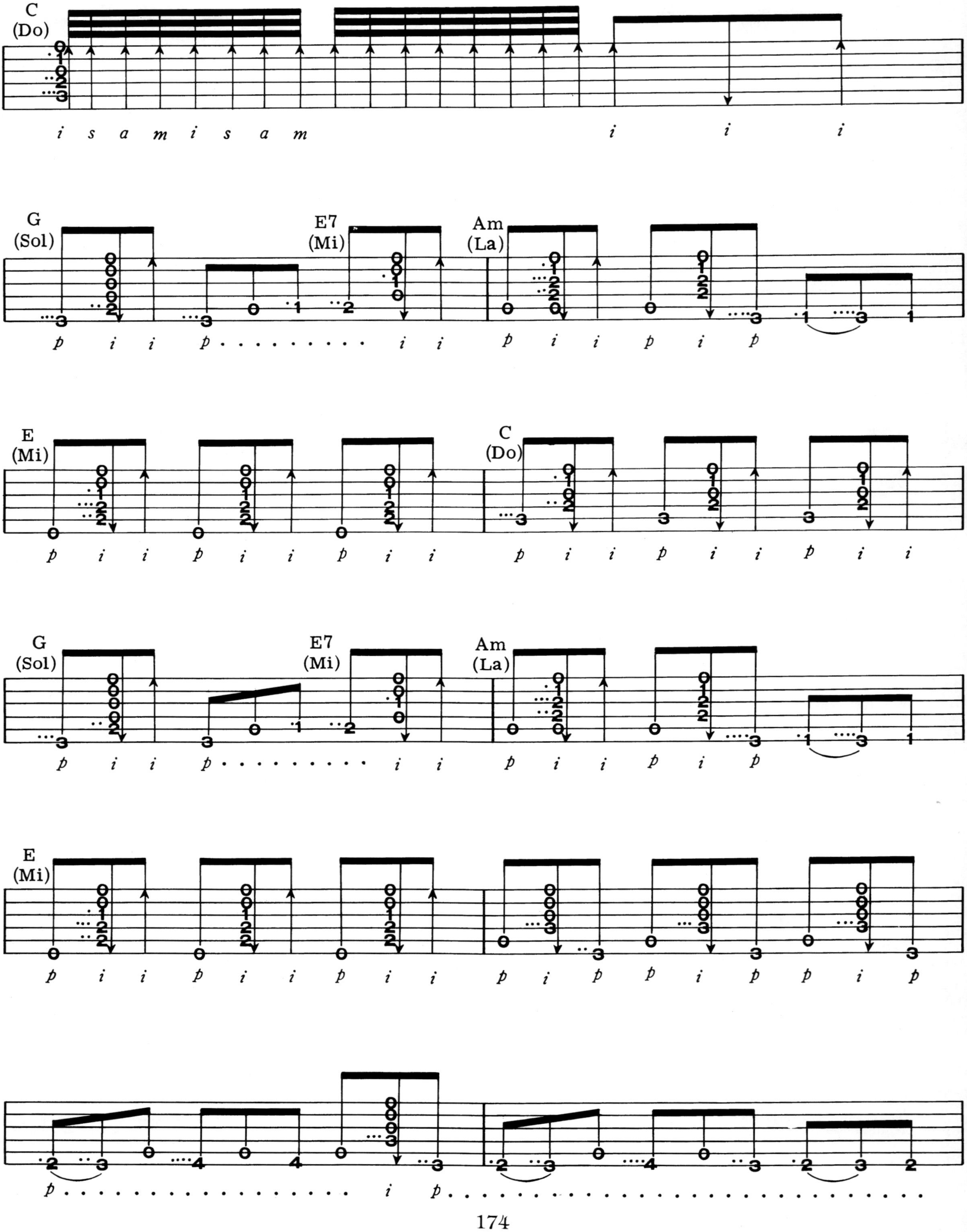

POSADAS (CONT.)

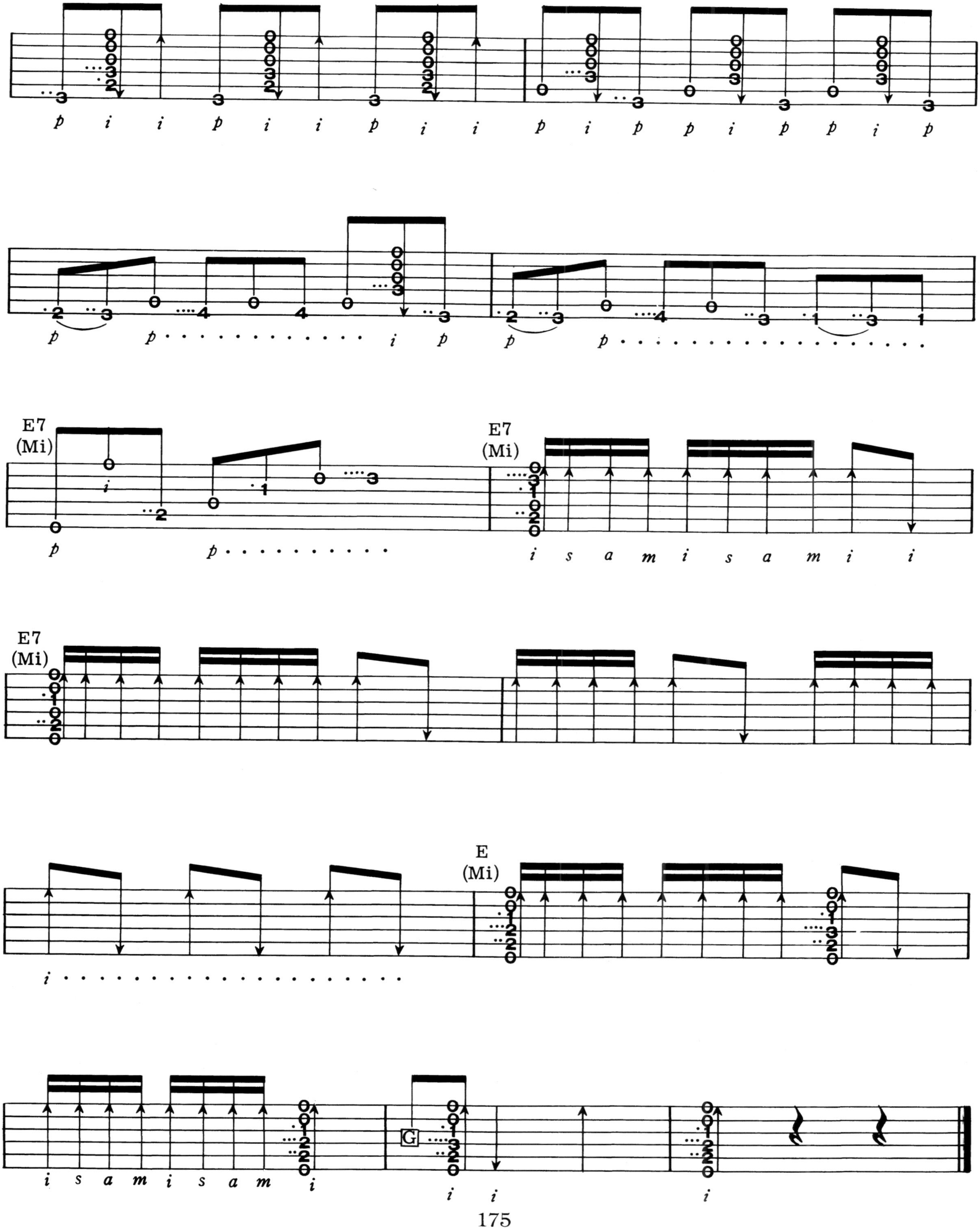

بُلِرِيَاسْ

BULERÍAS

The "bulerías" are a more difficult style to interpret because of their complicated contratiempo and their rhythmic accents. Their measure is 3/8, although in my first book *Basic Techniques,* I included a composition written in 3/4 time to facilitate the reading on the part of the student. In accord with the rules of flamenco, it is measured in twelve beats. Of course, four musical measures are equivalent to one flamenco phrase.

To the following composition it is possible to adapt dance because its accents are based strictly upon the bulerías to be danced.

BULERÍAS

Las Bulerías son uno de los estilos más difíciles de interpretar por la complicación de sus contratiempos y sus acentos rítmicos. Su medida es de 3/8, aunque en mi primer libro *Técnicas Básicas* hice una composición y la escribí en 3/4 para facilitar la lectura a los estudiantes. De acuerdo a las reglas del flamenco se mide en doce tiempos, por supuesto cada cuatro compaces musicales son equivalentes a un compás flamenco.

A la composición que sigue se le puede adaptar baile porque sus acentos están estrictamente basados en las bulerías bailables.

TENTACION

(Bulerias)

Juan Serrano

TENTACION (CONT.)

TENTACION (CONT.)

TENTACION (CONT.)

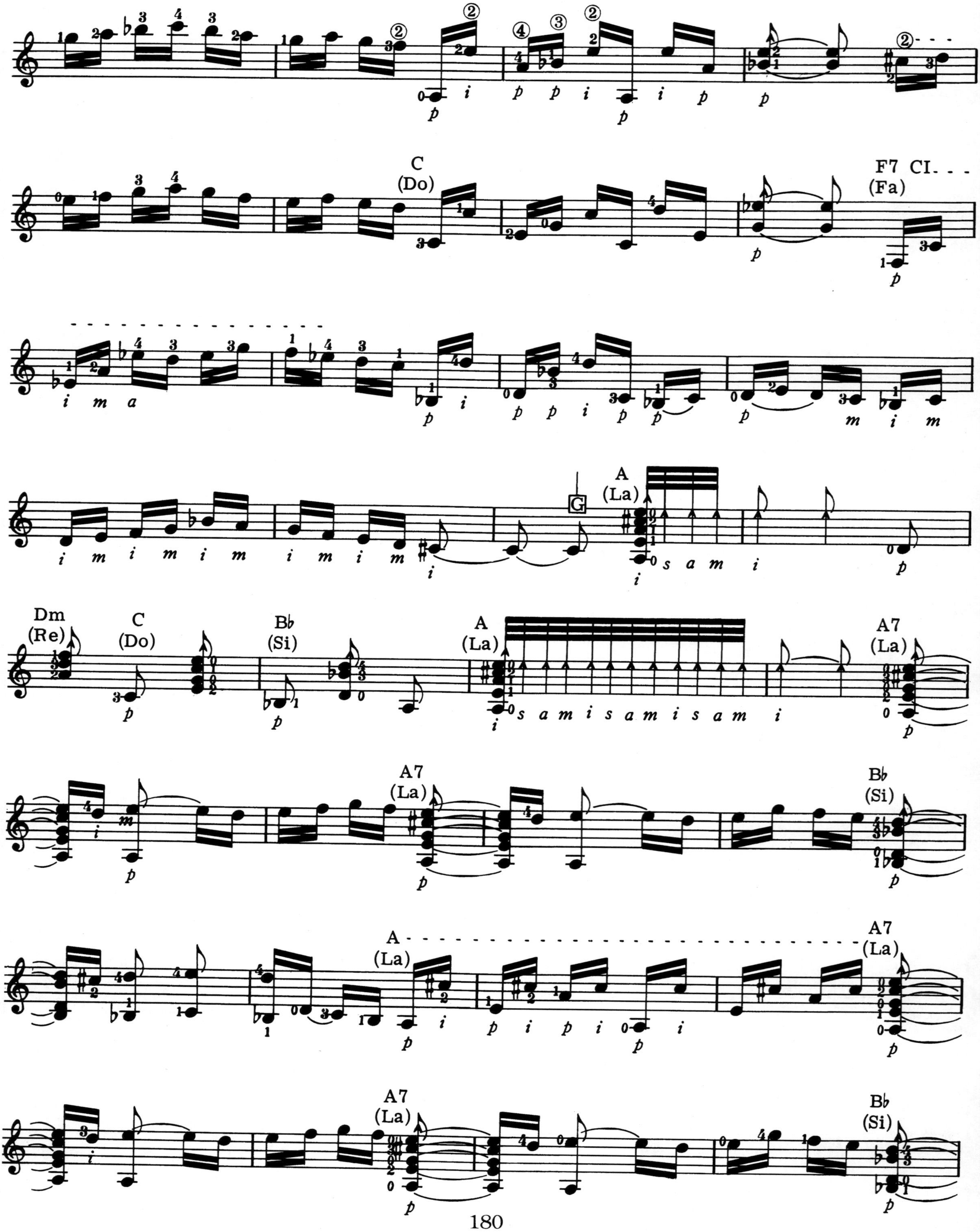

TENTACION (CONT.)

TENTACION (CONT.)

TENTACION (CONT.)

TENTACION
(Bulerias)

Juan Serrano

TENTACION (CONT.)

TENTACION (CONT.)

TENTACION (CONT.)

TENTACION (CONT.)

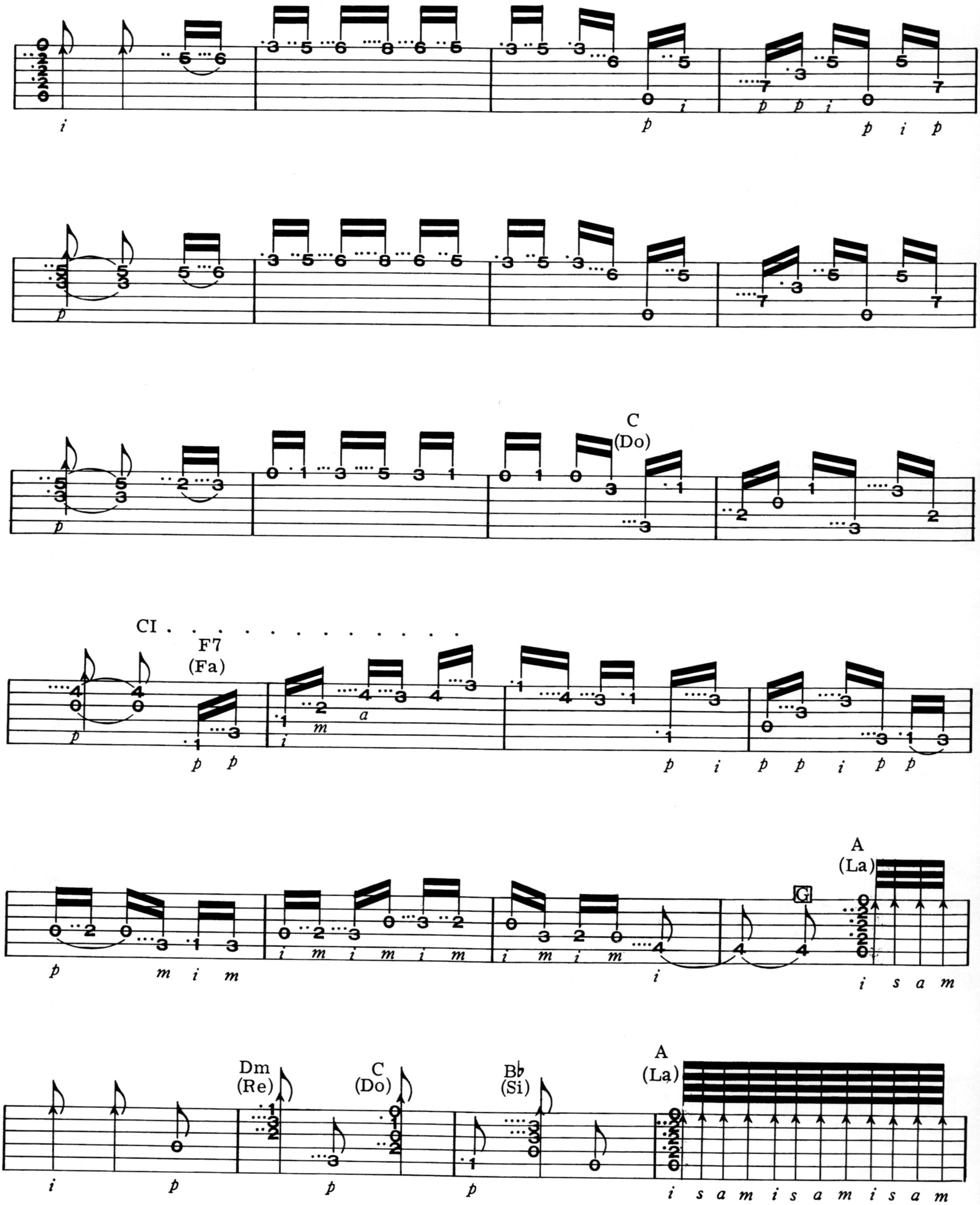

TENTACION (CONT.)

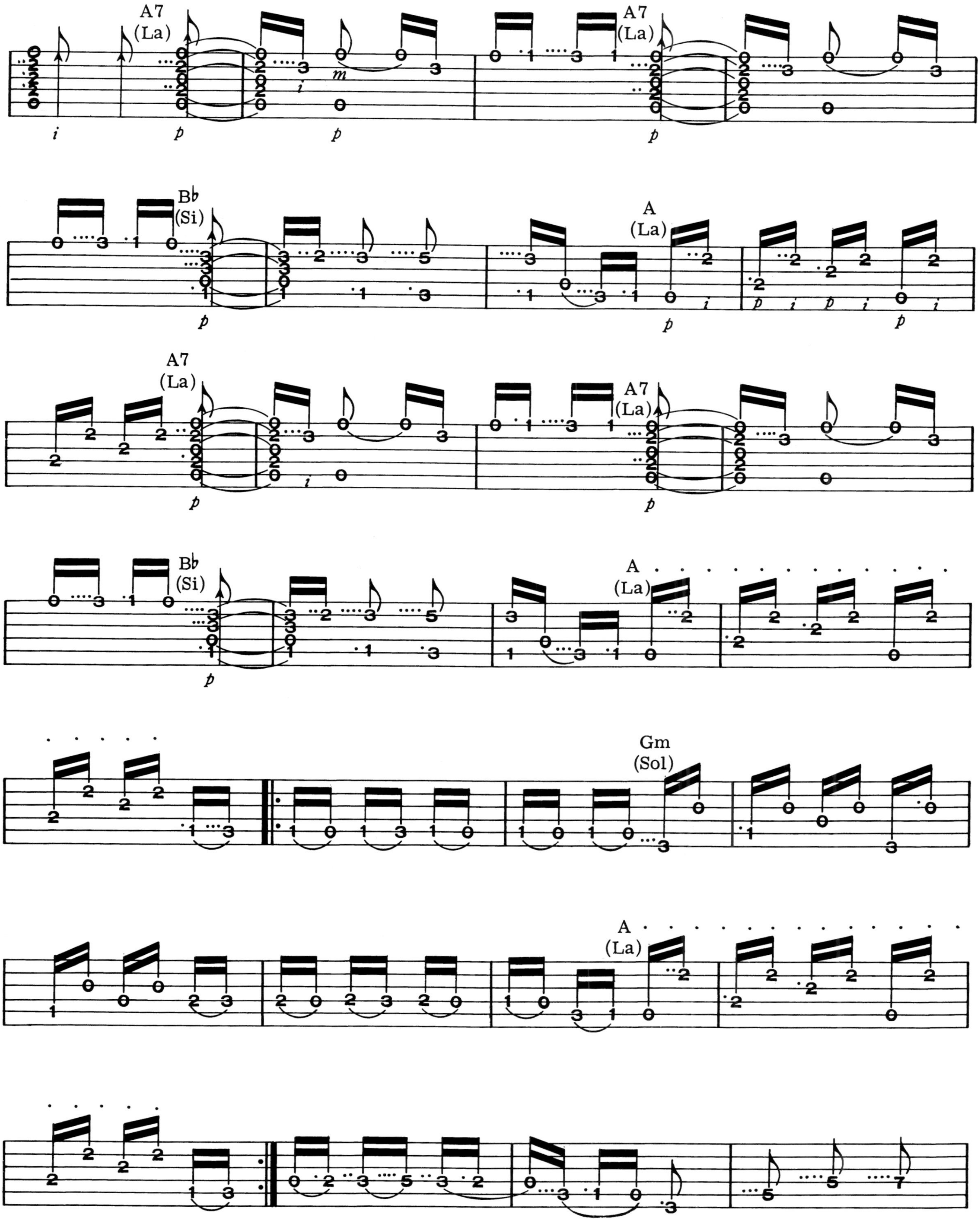

TENTACION (CONT.)

TENTACION (CONT.)

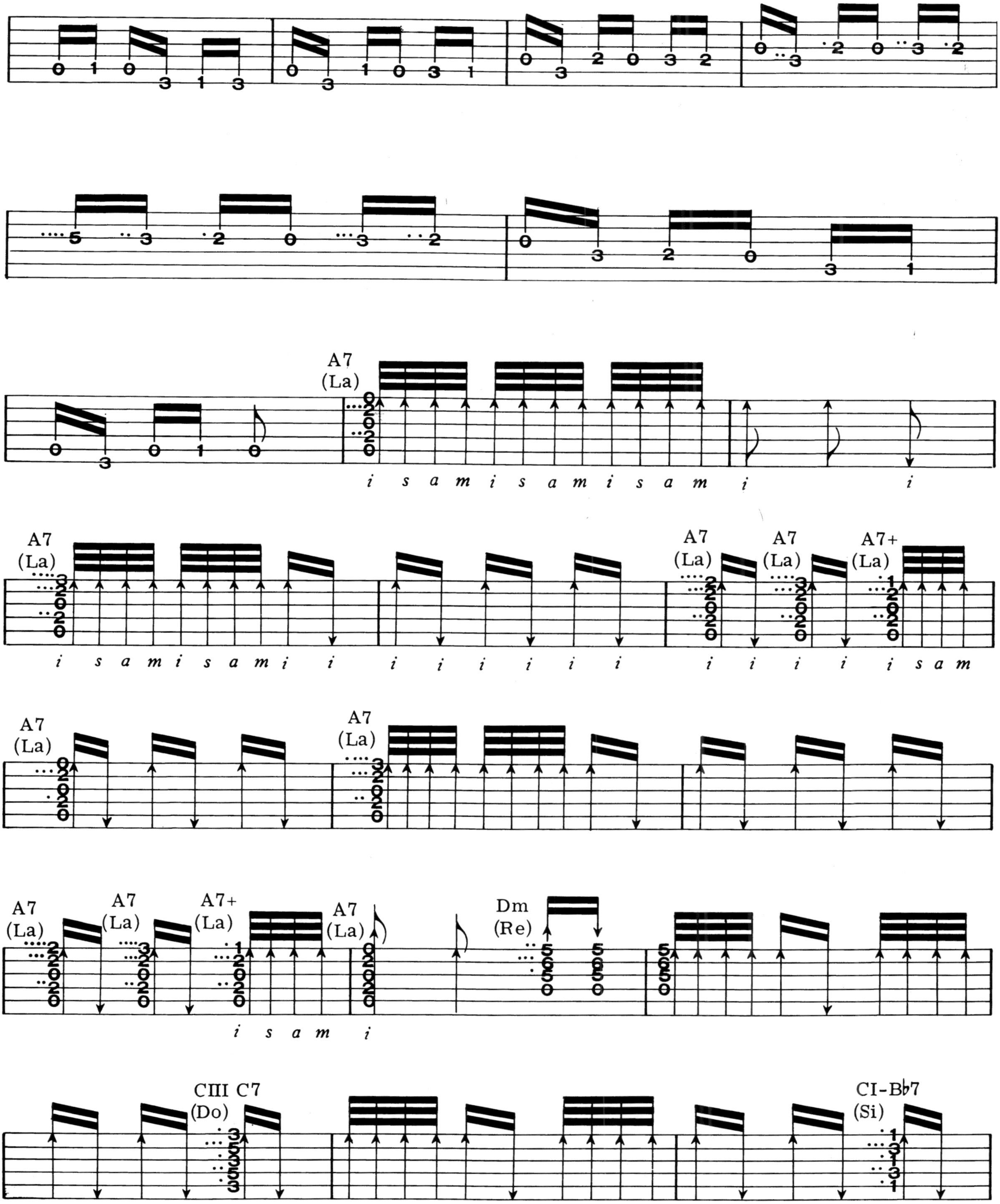

TENTACION (CONT.)

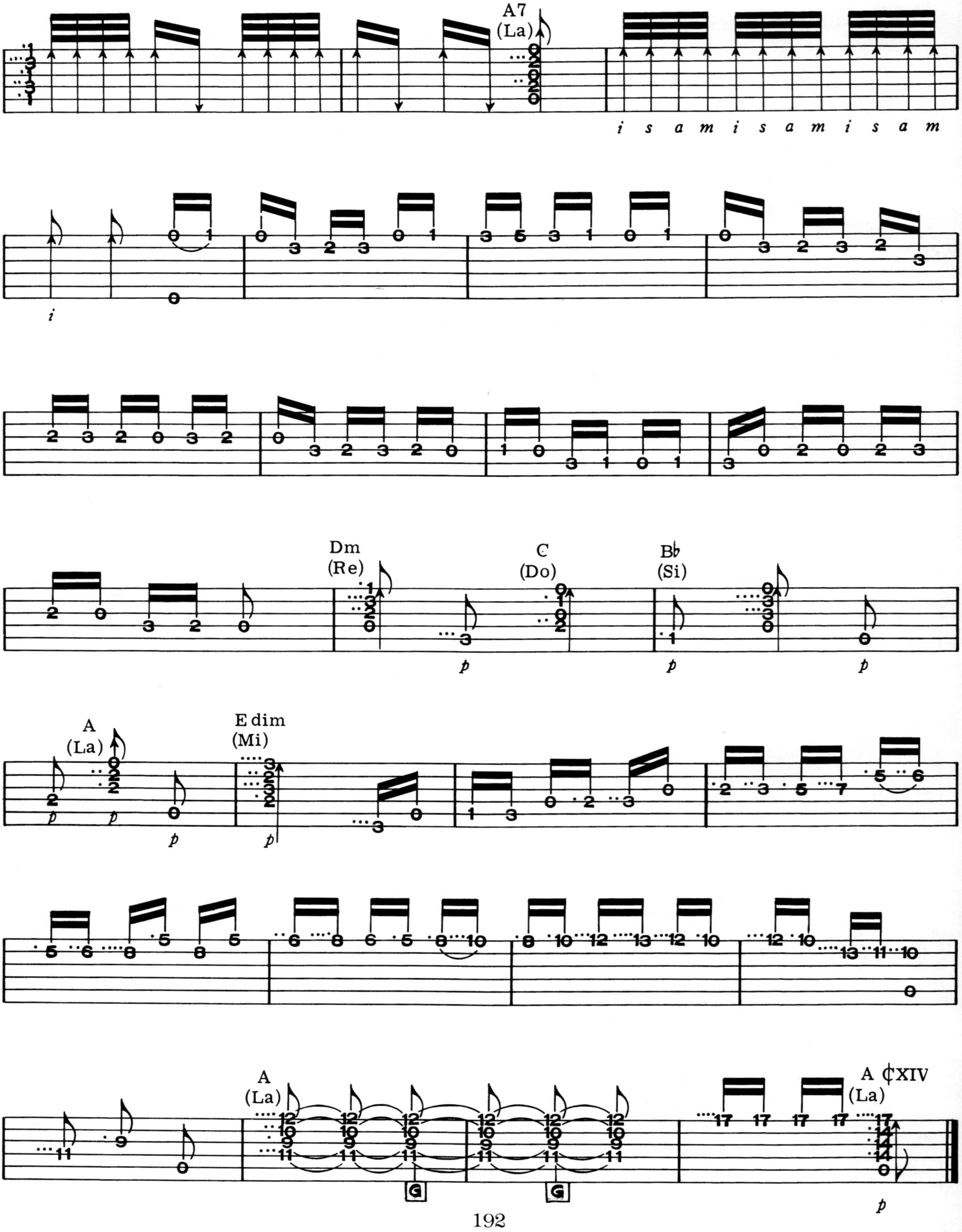

رُمْبَا

VERDE SELVA

"Verde Selva" is a composition based on the rumba. The only difference is that the rhythmic part is performed with "arpeggio."

The composition is recorded on one of my records with R.C.A. called Popular Music of Spain and the Old World, and it has as bass accompaniment bongo, clave, triangle, and other percussion instruments.

VERDE SELVA

Verde Selva es una composición basada en la rumba, la única diferencia es que la parte rítmica se ejecuta con arpegios.

Esta composición está grabada en uno de mis discos en R.C.A. llamado Popular Music of Spain and the Old World, y tiene acompañamiento de contrabajo, bongo, clave, triángulo y otros instrumentos de percusión.

بِسْمِ اللَّهِ الرَّحْمَنِ الرَّحِيمِ

VERDE SELVA

(Danzón)

Juan Serrano

VERDE SELVA (CONT.)

VERDE SELVA (CONT.)

VERDE SELVA

(Danzon)

Juan Serrano

VERDE SELVA (CONT.)

VERDE SELVA (CONT.)

VERDE SELVA (CONT.)

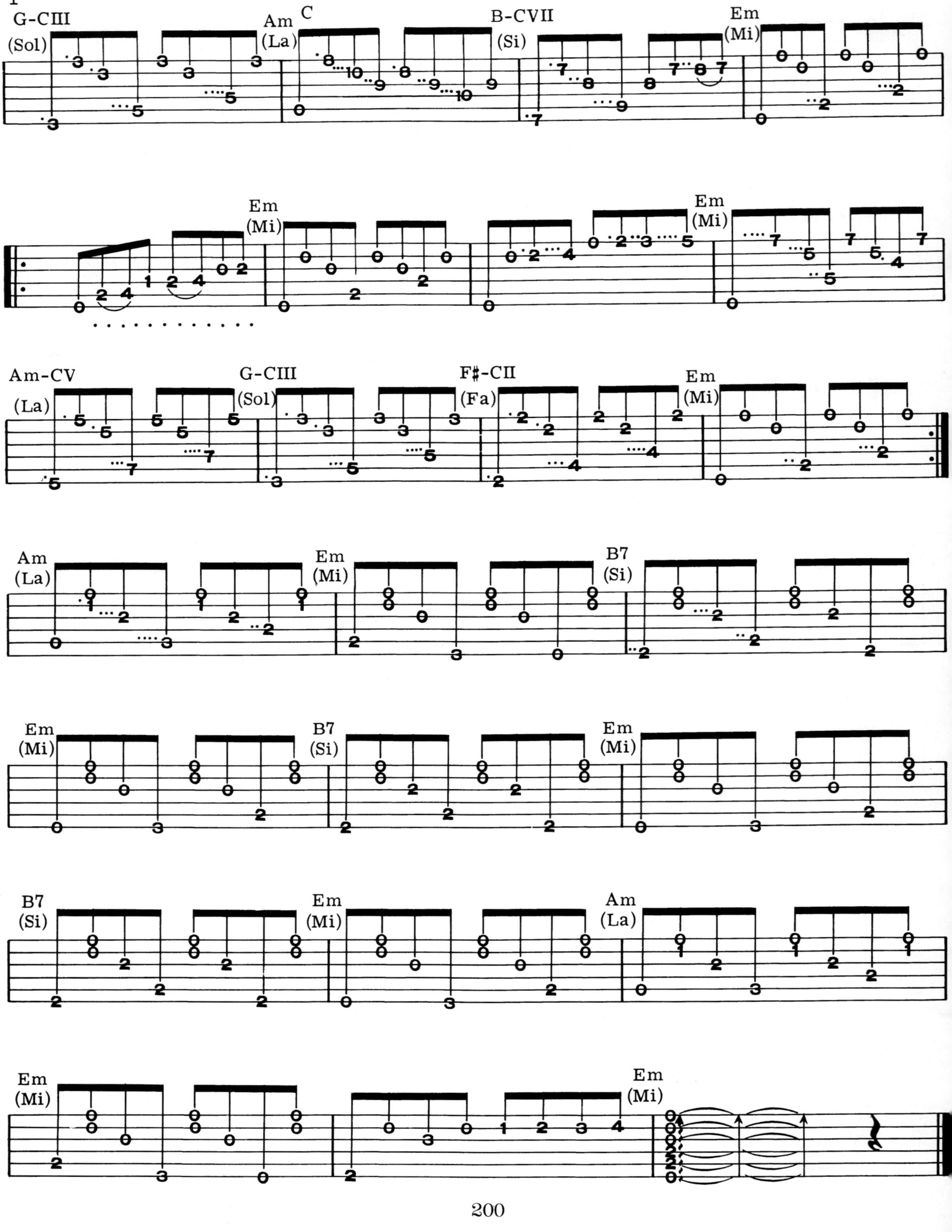